Katy Kohrs

Seepiraterie – Risikomanagement für Reedereien, Ladungseigner und Versicherer

Herausgegeben von Jörn Altmann und Nello Gaspardo

BEITRÄGE ZUR ANWENDUNGSORIENTIERTEN UNTERNEHMENSFÜHRUNG

Schriftenreihe der Europäischen Fernhochschule Hamburg

Herausgeber: Prof. Dr. Jörn Altmann und Prof. Dr. Ronald Deckert

ISSN 2192-0478

1 *Katy Kohrs*
Seepiraterie
Risikomanagement für Reedereien, Ladungseigner und Versicherer
ISBN 978-3-8382-0261-7

Katy Kohrs

SEEPIRATERIE – RISIKOMANAGEMENT FÜR REEDEREIEN, LADUNGSEIGNER UND VERSICHERER

Herausgegeben von Jörn Altmann und Nello Gaspardo

ibidem-Verlag
Stuttgart

Bibliografische Information der Deutschen Nationalbibliothek
Die Deutsche Nationalbibliothek verzeichnet diese Publikation in der Deutschen Nationalbibliografie; detaillierte bibliografische Daten sind im Internet über http://dnb.d-nb.de abrufbar.

Bibliographic information published by the Deutsche Nationalbibliothek
Die Deutsche Nationalbibliothek lists this publication in the Deutsche Nationalbibliografie; detailed bibliographic data are available in the Internet at http://dnb.d-nb.de.

∞

Gedruckt auf alterungsbeständigem, säurefreien Papier
Printed on acid-free paper

ISSN: 2192-0478

ISBN-13: 978-3-8382-0261-7

Printed in Germany

Vorwort der Reihenherausgeber

Mit dieser Schriftenreihe der Europäischen Fernhochschule Hamburg haben Absolventinnen und Absolventen die Möglichkeit, auf Basis ihrer Abschlussarbeiten zu veröffentlichen und damit ihre Beiträge einer breiteren Interessentengruppe aus Praxis und Wissenschaft zur Verfügung zu stellen.

Die Ausführungen können Anregungen für die eigene Arbeit in Unternehmen bzw. in Organisationen geben; beispielsweise mit Blick auf die Einführung von Managementinstrumenten. Auch fokussierte Themenstellungen können Möglichkeiten einer Übertragung auf andere Unternehmenskontexte unter Berücksichtigung der jeweils spezifischen Gegebenheiten bieten.

Wir bedanken uns an dieser Stelle sehr herzlich bei der Autorin, den Buchherausgebern für die fachliche Betreuung und dem ***ibidem***-Verlag für die vertrauensvolle Zusammenarbeit und wünschen der Leserschaft eine anregende Lektüre.

Prof. Dr. Jörn Altmann　　　　Prof. Dr. Ronald Deckert

Management Summary

Es ist mittlerweile selbstverständlich, dass jedes Produkt fast immer und überall auf der Welt erhältlich ist. Nur mit einem weltweit funktionierenden, störungsfreien Transportnetz können die Waren zeitnah von A nach B gebracht werden. Die Grundlage des Welthandels ist die Seeschifffahrt, denn mehr als 80 % aller gehandelten Waren werden per Schiff vom Anbieter zum Abnehmer transportiert. Doch die Welt, wie wir sie heute kennen, ist in Gefahr. Beinahe täglich wird in den Medien über Piratenüberfälle auf Schiffe in asiatischen oder afrikanischen Gewässern berichtet. Piraterie ist nicht neu, aber deren Ausmaße haben sich verändert. Die moderne Seepiraterie ist inzwischen ein Millionengeschäft und trifft letztlich die gesamte Handelskette. Insbesondere die direkt am Schiffstransport beteiligten Unternehmen sind von den Auswirkungen des Risikos Seepiraterie betroffen. Hierzu zählen Reedereien, Unternehmen, dessen Waren transportiert werden, sowie Versicherungen, die das Eigentum der Reedereien und Ladungseigner versichern.

Diese Studie dient allen direkt oder indirekt betroffenen Unternehmen als Einführung in das Thema Seepiraterie. Es werden die aktuellen Trends und Brennpunkte der Piraterie betrachtet und insbesondere auf die Entwicklung in den Gewässern am Horn von Afrika eingegangen. Zur Prävention und Abwehr von Piratenangriffen und den daraus resultierenden Schäden werden den genannten Unternehmensgruppen im Rahmen von vier ebenfalls beschriebenen Risikostrategien zahlreiche praktische und organisatorische Handlungsmöglichkeiten und Empfehlungen vorgestellt sowie grundlegende Informationen zu Themen wie speziellen Versicherungen, technischer Ausrüstung an Bord von Schiffen sowie Verhaltensweisen im Notfall und für das Durchqueren gefährdeter Regionen.

Management Summary

Nowadays it is taken for granted that any type of product is available almost anywhere and anytime in the world. Transporting the products from one place to another within a narrow time frame can only be managed with a well organised and undisturbed transportation network. With more than 80 % of all traded goods being transported from suppliers to buyers by ship, maritime transport has clearly become the backbone of world trade. However, the world as we know it is at risk. Almost every day there are media reports about pirates attacking ships off the coasts of Asian or African countries. Piracy has existed since the early days of shipping; however, its methods and outcome have reached new dimensions. Over the years, modern piracy has become a multi-million-dollar business affecting every aspect of the international supply chain. Particularly affected by the consequences of the risks resulting from maritime piracy are companies which are directly involved in maritime shipping, such as shipping companies, companies that have their goods transported by ship and (maritime) insurers insuring vessels, cargoes and so on.

This study is intended as an introduction to the issue of maritime piracy for all companies affected, directly or indirectly, by piracy. Current piracy trends and hot spots are shown with a focus on the situation off the coasts around the Horn of Africa. For the prevention of piracy attacks and damages arising from piracy action, the aforementioned companies are offered various practical and organisational recommendations as well as some basic information on issues such as special insurances, technical equipment on board, emergency routines or procedures for transiting piracy-prone areas – all based on four risk strategies also described in this study.

Inhaltsverzeichnis

Abkürzungsverzeichnis

ADS	Allgemeine Deutsche Seeversicherungsbedingungen
AGCS	Allianz Global Corporate & Specialty
BGBl.	Bundesgesetzblatt
BMP	Best Management Practices
BRZ	Bruttoraumzahl
Circ.	Circular (Rundschreiben)
DCGK	Deutscher Corporate Governance Kodex
DTV	Deutscher Transport-Versicherungsverband (bis 1995)
EU-	EU Naval Forces
ICC	International Chamber of Commerce
IMB	International Maritime Bureau
IMB-PR	International Maritime Bureau Piracy Report
IMO	International Maritime Organisation
Incoterms	International commercial terms
IRTC	Internationally Recommended Transit Corridor
ISPS Code	International Ship and Port Facility Security Code
IUA	International Underwriting Association of London
kn	Knoten (1 kn = 1,852 km/h)
LRAD	Long Range Acoustic Device
Marisec	Maritime International Secretariat Services Limited

MARLO	Marine Liaison Office
MSC	Maritime Safety Committee
MSCHOA	Maritime Security Centre Horn of Africa
NIMA	National Imagery and Mapping Agency
P&I	Protection and Indemnity
PRC	Piracy Reporting Centre
PWC	PricewaterhouseCoopers
RMA	Risk Management Association
RMT	Review of Maritime Transport
sm	Seemeile (1 sm = 1,852 km)
SN	Safety of Navigation
SOLAS	International Convention for the Safety of Life at Sea
SRÜ	Seerechtsübereinkommen der Vereinten Nationen (→ UNCLOS)
TEU	Twenty Foot Equivalent Unit
UKHO	United Kingdom Hydrographic Office
UKMTO	United Kingdom Maritime Trade Operations
UNCLOS	United Nations Convention on the Law of the Sea (→ SRÜ)
UNCTAD	United Nations Conference on Trade and Development
VHF	Very high frequency (Ultrakurzwelle)

Abbildungsverzeichnis

1 Einleitung

1.1 Ausgangslage

Geht man heute in ein beliebiges Geschäft und kauft sich irgendein Produkt, ist die Wahrscheinlichkeit sehr hoch, dass dieses bereits eine weite Reise hinter sich hat. Sei es der morgendliche Kaffee, der Fernseher oder das neue T-Shirt. Viele der bei uns erhältlichen Waren oder die für die Herstellung dieser Waren erforderlichen Rohstoffe werden von Übersee nach Deutschland importiert.

Heutzutage werden mehr als 80 % der weltweit gehandelten Waren über den Seeweg vom Anbieter zum Abnehmer transportiert. Der Seetransport hat sich damit in den letzten Jahrzehnten zum Fundament des Welthandels und der Globalisierung entwickelt. Inzwischen ist der internationale Seetransport so stark mit dem Welthandel verknüpft, dass sich an ihm sogar die aktuelle Weltwirtschaftslage ablesen lässt. Mit dem Konjunkturanstieg der letzten Jahre stieg auch der weltweite Bedarf an Seetransportkapazitäten, da immer mehr Waren kostengünstig und umweltschonend mit dem Schiff transportiert werden. Doch die globale Finanz- und Wirtschaftskrise hat inzwischen auch die bisher so florierende Seeschifffahrt erfasst. Viele Schiffe bleiben ungenutzt im Hafen.

Es gibt noch eine weitere Gefahr, mit der die internationale Seeschifffahrt seit Jahren zu kämpfen hat: Seepiraterie. Aufgrund ihrer dramatischen Entwicklung wurde bereits 1992 das weltweit erste Piracy Reporting Centre (PRC) durch das International Maritime Bureau in Kuala Lumpur, Malaysia, eingerichtet. Von dort aus werden täglich Informationen zu Piratenaktivitäten gesammelt und Schiffen weltweit zur Verfügung gestellt.

Piraterie bedeutet Gewalt und die Bedrohung von Menschenleben, aber auch große Verluste und Mehrkosten materieller Art. Die Gefährdung der Besatzung, das Risiko hoher Lösegeldforderungen oder des Verlustes des Schiffes und der Ladung machen den Seetransport seit Jahren auf einigen der meistbefahrenen Seestrecken zu einem sehr riskanten und gefährlichen Unterfangen.

1.2 Ziel und Aufbau

Abschnitt 1.1 zeigt wie weitreichend die Beziehungen der Seeschifffahrt für jedes am globalen Handel teilnehmende Unternehmen in Deutschland sein können. Unternehmen verschiedener Branchen und Größen sind direkt oder indirekt am Seetransport beteiligt und den damit verbunden Risiken wie der Seepiraterie ausgesetzt. Täglich beschäftigen sich Experten unterschiedlichster Bereiche mit diesem Risiko und auch diese Studie ist kein abschließendes Werk zur Beseitigung des Piratenproblems. Sie ist vielmehr eine praktische Einführung in die Zusammenhänge des internationalen Seehandels und stellt die grundlegenden Handlungsmöglichkeiten für alle Unternehmen vor, die an einer Durchquerung der von Piraterie gefährdeten Regionen beteiligt sind. Die vorliegende Studie beschreibt, welche Risikostrategien Unternehmen zur Verfügung stehen, um sich gegen das Risiko Seepiraterie abzusichern sowie möglichen Piratenangriffen vorzubeugen und so Mehr- und Folgekosten soweit wie möglich zu minimieren.

Zur Erreichung dieser Zielsetzung gliedert sich die vorliegende Studie folgendermaßen:

Nach der Beschreibung der Ausgangslage und Problematik, die dieser Studie zugrunde liegen, stellt Kapitel 1 das Ziel vor und erläutert den Aufbau, die Vorgehensweise sowie die Abgrenzung des Themengebietes. Um den Leser zunächst auf die Relevanz des Themas Seepiraterie einzustimmen, beschreibt Kapitel 2 die Bedeutung der internationalen Seeschifffahrt für die Wirtschaft. Nur so wird deutlich, in welchem Maße sich Risiken wie die Piraterie auf die globale Wirtschaft auswirken können und inwieweit Unternehmen in Deutschland von den Piraten im weit entfernten Afrika oder Asien betroffen sind.

Kapitel 3 stellt anschließend die aktuellsten Entwicklungen bezüglich der Seepiraterie vor und geht dabei insbesondere auf die Situation im Golf von Aden und im Gebiet um Somalia ein.

In Kapitel 4 werden die theoretischen Grundlagen des Risikomanagements erläutert und der Risikomanagementprozess mittels eines Modells beschrieben.

Auf Basis dieses Prozessmodells wird in Kapitel 5 explizit auf die Phase der Risikosteuerung eingegangen. Anhand der im Modell beschriebenen Risikostrategien werden verschiedene Maßnahmen für die in dieser Studie betrachteten Risikogruppen vorgestellt, mit denen die durch Seepiraterie ausgelösten Risiken vermieden, vermindert, auf Dritte abgewälzt oder akzeptiert werden können. Abbildung 5.2 macht deutlich, dass im Vergleich zu den anderen Gruppen besonders für die Reedereien (inklusive der Schiffsbesatzung) mehr Strategien vorgestellt werden. Grund dafür ist die Tatsache, dass diese Gruppe im wahrsten Sinne des Wortes direkt mit dem Risiko Piraterie konfrontiert wird und diese unmittelbar deren Geschäftsfeld bedroht.

In Kapitel 6 folgt schließlich eine kurze Zusammenfassung der in dieser Studie vorgestellten Aspekte sowie ein Ausblick auf die möglichen zukünftigen Herausforderungen bei der Bekämpfung der Seepiraterie.

Um die Studie abzurunden, findet sich im Anhang die Transkription eines Experteninterviews mit einem Kapitän, der selbst jahrelang auf See war und heute Geschäftsführer eines Trainingsinstituts für seeschifffahrtsbezogene Themen ist. Als Gesprächspartner für das

Interview wählte die Autorin bewusst einen Kapitän, weil in recherchierten Quellen meist Reedereien oder Versicherungen zum Thema Seepiraterie befragt wurden.

1.3 Vorgehensweise und Themenabgrenzung

Bei der Bearbeitung der oben genannten Zielstellung werden ausschließlich die Gruppen angesprochen, die in wirtschaftlicher Hinsicht unmittelbar von den Folgen eines konkreten Piratenangriffs betroffen sind: Reedereien, Ladungseigner sowie Versicherungen. Genau genommen lassen sich mehr als drei Gruppen von Beteiligten bzw. Betroffenen nennen, die hier keineswegs vergessen oder weniger gewürdigt werden sollen. Um aber für die vorliegende Studie eine übersichtlichere Gliederung in diese drei Gruppen zu erhalten, werden unter der Gruppe Reedereien die Schiffseigner/-betreiber, Charterer und die Besatzung zusammengefasst. Auch der Begriff Ladungseigner umfasst zwei Personenkreise: die Verkäufer und die Käufer bzw. Exporteure und Importeure. Die Gruppe der Versicherer umfasst hier sowohl Erstversicherer als auch Rückversicherer.

Eine breiter angesetzte Analyse, die weitere Beteiligte wie die Seehäfen, politische Gegebenheiten und die individuelle Rechtslage in den betroffenen Anrainerstaaten mit einbezöge, würde den Rahmen dieser Studie sprengen. Diese Aspekte spielen zwar eine wichtige Rolle für die Seepiraterie und für etwaige Lösungsansätze, sie liegen aber nicht allein im Einflussbereich der hier beschriebenen Unternehmensgruppen und werden somit nicht betrachtet.

An verschiedenen Stellen wird in dieser Studie insbesondere auf die Situation in Deutschland bzw. deutscher Unternehmen eingegangen. Dies geschieht aufgrund vielfältiger Gründe: Einerseits hängt

Deutschland wegen seiner sehr starken Import- und Exportaktivitäten extrem von der internationalen Seeschifffahrt ab. Andererseits ist Deutschland eine der weltweit führenden Seefahrernationen. Ein Großteil aller auf den Ozeanen fahrenden Schiffe steht unter der Führung deutscher Reedereien (vgl. Abschnitt 3.3).

Im Rahmen dieser Studie wird der Sachverhalt des Chancenmanagements nicht explizit behandelt. Mit jedem Risiko ist eine Chance verbunden und mit jeder Chance wiederum ein Risiko. Das Thema Seepiraterie stellt allerdings im Wesentlichen ein Risiko für die an der Seeschifffahrt beteiligten Branchen und Personengruppen dar und bildet dem Titel entsprechend den Schwerpunkt dieser Studie. Zudem könnten sich Chancen nur ergeben, wenn sich ein von dem Risiko Seepiraterie betroffenes Unternehmen durch eine entsprechende Risikostrategie so effizient vor negativen Folgen bewahren kann, dass sich daraus wiederum ein Vorteil gegenüber seinen Wettbewerbern entwickelt.

Auch wenn der Titel der Studie darauf schließen lässt, wird hier nicht der komplette Risikomanagementprozess hinsichtlich der Seepiraterie durchlaufen. Die potentiellen Risiken sind hinreichend bekannt und müssen für das jeweilige Unternehmen oder gar Schiff individuell betrachtet und bewertet werden. Aufgrund der hohen Brisanz für die einzelnen Betroffenen sind genaue Zahlen kaum oder gar nicht zugänglich. Kein Unternehmen gibt gern die eigenen Verluste hinsichtlich Personenschäden, Lösegeldzahlungen etc. an. Einerseits, um nicht zusätzlich einen Imageschaden zu riskieren; andererseits, um den Piraten nicht noch einen Anreiz zu verschaffen. Wie bereits erwähnt, werden im vierten Kapitel die Grundlagen des gesamten Risikomanagementprozesses mit seinen vier Schritten vorgestellt. Da nur die von Überfällen Betroffenen selbst die Auswirkungen auf ihr Unternehmen einschätzen und bewerten können, wird hier darauf verzichtet, die Schritte 1 „Risiken identifizieren", 2 „Risiken bewerten" und 4 „Risiken überwachen und reporten" des Risikomanagementprozesses explizit zu beschreiben. Den Schwerpunkt dieser Studie bildet dementsprechend der dritte Prozessschritt mit der „Steuerung der Risiken" über unterschiedliche Risikostrategien. Grundsätzlich stellen die beschriebenen Punkte lediglich eine Auswahl der Möglichkeiten des Risikomanagements dar, d. h. des Umgangs mit dem Risiko.

Bei verschiedenen Angaben zu Versicherungen, die im Bereich der Risikostrategien vorgestellt werden, wird ausschließlich allgemeingültig auf den Typ der Versicherung eingegangen, nicht aber auf spezielle Deckungsdetails einer bestimmten Versicherung. Dasselbe gilt für genaue Angaben zu Versicherungsprämien. Diese Informationen unterliegen den jeweilig abgeschlossenen Versicherungsverträgen und müssen immer individuell betrachtet werden.

Die vorliegende Studie basiert überwiegend auf einer empirischen Untersuchung und Auswertung aktuellster Berichte, Untersuchungen und Statistiken, die von internationalen Seeverkehrsorganisationen und Institutionen veröffentlicht wurden, aber auch von Versicherungsgesellschaften und Verbänden der betroffenen Branchen. Weiterhin dienten als Quellen für die Ausführungen verschiedene Gesetzestexte, Regelungen aus internationalen Abkommen und bracheninterne Best Management Practices. Aufsätze in Fachzeitschriften sowie aktuelle Pressemitteilungen von Reedereien, Institutionen etc. runden das Referenzmaterial ab. Einschlägige wissenschaftliche Fachliteratur ist zum Thema Seepiraterie kaum vorhanden. In diesem Zusammenhang könnte exemplarisch das Buch „Contemporary Piracy and Maritime Terrorism" von Martin N. Murphy genannt werden, das bereits 2007 veröffentlicht wurde. Da sich die Piraterieituation seitdem aber stark verändert hat, wird dieses Buch hier nicht berücksichtigt.

Aus Gründen der Lesefreundlichkeit wird in der vorliegenden Studie ausschließlich die maskuline Form von Personenbezeichnungen verwendet. Gemeint und angesprochen sind jedoch immer sowohl männliche als auch weibliche Personen.

2 Bedeutung des Seehandels für die Wirtschaft

Als kontinuierlich wachsende Wirtschaftsnation und nicht zuletzt wegen der globalen Wirtschaftskrise hat China 2009 geschafft, was lange erwartet wurde: Laut dem von der Welthandelsorganisation herausgegebenen World Trade Report 2010 (vgl. WTO, S. 26) hat China Deutschland als die weltweit führende Exportnation abgelöst und damit auf den zweiten Platz verwiesen. Doch inzwischen konnte sich Deutschland von den besonders starken Auswirkungen der Wirtschaftskrise im Jahr 2009 erholen. Im September 2010 wurden bereits wieder Waren im Wert von 86,9 Milliarden Euro von Deutschland ausgeführt und damit die Exportwerte vor der Krise von 2008 sogar noch überrundet. Aufgrund der Rezession betrug die Ausfuhr deutscher Waren im September 2009 nur noch knapp 71 Milliarden Euro (vgl. Statistisches Bundesamt 2010).

Deutschland verfügt kaum über eigene natürliche Ressourcen und ist daher in bedeutendem Maße auf Rohstoffimporte von allen Kontinenten abhängig. Dementsprechend lagen die Einfuhren im September des vergangenen Jahres bei insgesamt 70,1 Milliarden Euro und zum Vergleich im September 2009 bei 59,4 Milliarden Euro (vgl. ebd. 2010).

Unabhängig von der Wirtschaftskrise erfolgt der größte Teil dieser Importe und Exporte über den Seeweg: Weltweit werden mehr als 80 % der gehandelten Waren über die Meere vom Anbieter zum Abnehmer transportiert. Im Jahr 2010 waren dies mehr als 150 Millionen TEUs[1] an Waren (vgl. UNCTAD 2010, S. 20).

Trotz steigender Ölpreise ist der Seetransport gegenüber der Warenbeförderung per LKW oder Flugzeug nicht nur die umweltfreund-

---

1 TEU → Twenty Foot Equivalent Unit (20-Fuß-Einheit): Maßeinheit im Containerverkehr, die zur Vereinheitlichung der Kapazitäts-/Durchsatzmessung verwendet wird. Dazu werden Container verschiedener Länge auf diese Längeneinheit umgerechnet (vgl. Gabler 1997, S. 3832).

lichste, sondern meist auch die kostengünstigste Methode. Mit einem Schiff können sehr große Mengen über weite Strecken transportiert werden, für die ansonsten mehrere Flugzeuge oder LKW benötigt würden. So kostet der Schiffstransport eines einzigen Fernsehers, der für ungefähr 500 Euro im Einzelhandel verkauft wird, umgerechnet wenig mehr als sieben Euro. Der Transport einer Tonne Eisenerz per Schiff von Australien nach Europa kostet umgerechnet ebenfalls knapp neun Euro (vgl. Marisec 2011). Der Seetransport hat sich so in den letzten Jahrzehnten zum Fundament des Welthandels und der Globalisierung entwickelt und wächst kontinuierlich weiter. Während früher hauptsächlich große Mengen an Rohstoffen und Schüttgut per Schiff transportiert wurden, nimmt heute mehr und mehr der Transport von fertigen, hochwertigen Produkten zu (vgl. UNCTAD 2010, S. 30).

Im Laufe der Geschichte haben sich drei wichtige Handelsrouten herausgebildet, über die der weltweite Gütertransport am kosten- und zeiteffektivsten abgewickelt werden kann (s. Abb. 2.1):

- die Transpazifik-Route,
- die Transatlantik-Route,
- die Asien-Europa-Route.

Die Seeschifffahrt ist ein Indikator für den Stand der Weltwirtschaft. Mit der Wirtschaftskrise ging nicht nur der globale Handel zurück, sondern auch die Nachfrage im Gütertransport. Im Jahr 2009 fiel die Menge an transportierten Waren auf allen drei Hauptrouten im Vergleich zum Vorjahr drastisch um teilweise mehr als 20 %: Auf der Transpazifik-Route wurden 2009 18,4 Millionen TEUs transportiert, auf der Transatlantik-Route 5,3 Millionen TEUs und auf der Asien-Europa-Route nur noch 17 Millionen TEUs (vgl. CTS 2011 und UNCTAD 2010, S. 19). Aufgrund der geringen Nachfrage und mangelnder Aufträge musste laut einer Studie der Unternehmensberatungsgesellschaft PricewaterhouseCoopers (vgl. PWC 2010, S. 9) im Jahr 2010 etwa die Hälfte der deutschen Reedereien einen Teil ihrer Schiffe stilllegen. Dies macht deutlich, wie eng die Wirtschaft und die Seeschifffahrt miteinander verknüpft sind: Geht es der einen nicht gut, leidet auch die andere. Allerdings ist seit 2010 auf allen Routen ein leichter Aufwärtstrend zu verzeichnen (vgl. CTS 2011).

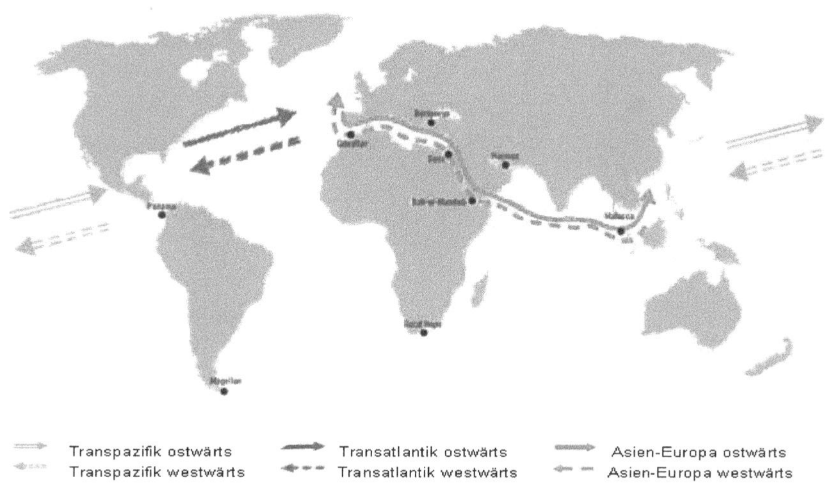

Abb. 2.1 Hauptseehandelsrouten

(Quelle: nach UNCTAD 2008, S. 24)

Die letzten zwei Jahre waren nicht nur von den negativen Auswirkungen der weltweiten Wirtschaftskrise auf den Handel und damit die internationale Seeschifffahrt geprägt. Die Branche hat seit Jahren zusätzlich mit einer zweiten großen Bedrohung zu kämpfen: der Seepiraterie. Weltweit werden immer mehr Angriffe durch Piraten registriert. Das nachfolgende Kapitel gibt einen Überblick über die moderne Seepiraterie und beschreibt deren aktuelle Entwicklungen.

3 Moderne Seepiraterie

3.1 Begriffsbestimmung und rechtliche Einordnung

Bei einem konkreten Piratenübergriff, aber auch allgemein bei der Bekämpfung der Piraterie, ist es sehr wichtig wie Piraterie definiert ist bzw. welche Definition der verschiedenen existierenden Abkommen, Gesetze und Regelungen zum Tragen kommt. Die Definition bildet die Basis für die rechtliche Situation eines Angriffs und regelt die zulässigen Handlungsspielräume sowie die Möglichkeiten hinsichtlich der strafrechtlichen Verfolgung der Piraten oder etwaiger Regressansprüche bei Verlusten.

An dieser Stelle wird auf die zwei wichtigsten international gängigen Definitionen von Piraterie eingegangen: Zum einen auf die Definition des Seerechtsübereinkommens der Vereinten Nationen von 1982 (SRÜ bzw. United Nations Convention on the Law of the Sea, UNCLOS). Zum anderen auf die Definition des International Maritime Bureau (IMB), einer auf Seekriminalität spezialisierten Abteilung der Internationalen Handelskammer (ICC) mit Sitz in London.

Artikel 101 der deutschen Fassung des Internationalen Seerechtsübereinkommens (SRÜ) der Vereinten Nationen von 1982 definiert Piraterie als:

> *„a) jede rechtswidrige Gewalttat oder Freiheitsberaubung oder jede Plünderung, welche die Besatzung oder die Fahrgäste eines privaten Schiffes oder Luftfahrzeugs zu privaten Zwecken begehen und die gerichtet ist*
>
> *i) auf Hoher See gegen ein anderes Schiff oder Luftfahrzeug oder gegen Personen oder Vermögenswerte an Bord dieses Schiffes oder Luftfahrzeugs;*
>
> *ii) an einem Ort, der keiner staatlichen Hoheitsgewalt untersteht, gegen ein Schiff, ein Luftfahrzeug, Personen oder Vermögenswerte;*

b) jede freiwillige Beteiligung am Einsatz eines Schiffes oder Luftfahrzeugs in Kenntnis von Tatsachen, aus denen sich ergibt, daß [sic!] es ein Seeräuberschiff oder -luftfahrzeug ist;

c) jede Anstiftung u [sic!] einer unter Buchstabe a oder b bezeichneten Handlung oder jede absichtliche Erleichterung einer solchen Handlung."

Diese Definition ging in das internationale Seerecht über und wird als solches anerkannt. Allerdings gelten die Regelungen nur für Piratenangriffe, die auf Hoher See stattfinden (vgl. SRÜ Art. 101 a ii)). Alle illegalen Handlungen, die innerhalb der Territorialgewässer eines Staates ausgeübt werden, gelten nicht als Piraterie, ebenso wenig Taten mit politischem Hintergrund wie terroristische Angriffe. Abbildung 3.1 zeigt die Ausdehnung der Territorialgewässer eines Staates sowie deren Abgrenzung zur Hohen See gemäß des Seerechtsübereinkommens von 1982.

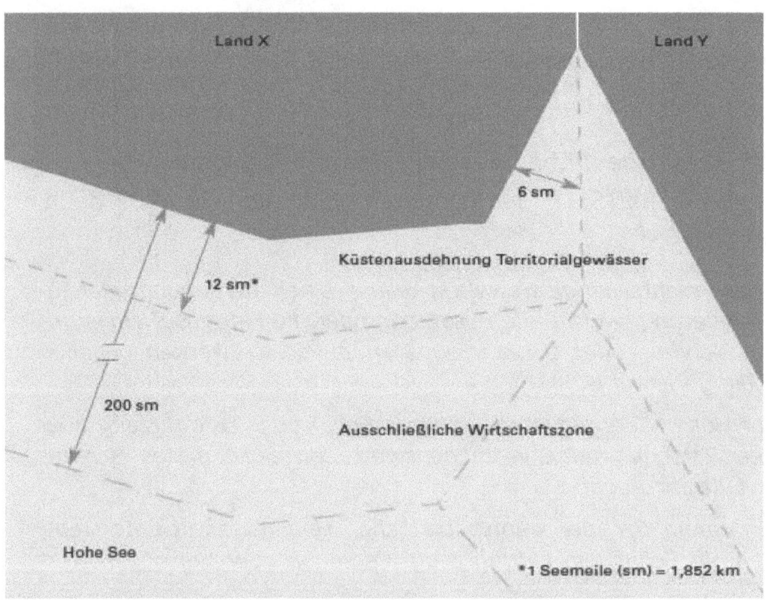

Abb. 3.1 Ausdehnung von Territorialgewässer und Hoher See
(Quelle: Münchener Rück 2006, S. 28)

Trotz eines spürbaren Anstiegs von Piratenangriffen auf Hoher See (vgl. IMB-PR 2011, S 23), erfolgt nach wie vor ein Großteil der Piratenüberfälle innerhalb der jeweiligen Territorialgewässer (vgl. IMB-PR 2011, S. 34). Somit würden die Überfälle laut SRÜ nicht als Piraterie gelten und auch nicht als solche verfolgt werden, wenn das nationale Recht des Staates, in dem der Vorfall passiert ist, Piraterie strafrechtlich verfolgt. Um die Beschränkung auf die Hohe See durch das SRÜ und die Abhängigkeit von der jeweiligen Rechtsprechung der Anrainerstaaten auszugleichen, definiert das IMB Piraterie etwas weiter gefasst als (IMB-PR 2009, S. 4):

> *„An act of boarding or attempting to board any ship with the apparent intent to commit theft or any other crime and with the apparent intent or capability to use force in the furtherance of that act."*

Diese Definition umfasst sowohl versuchte als auch tatsächlich ausgeführte Angriffe, unabhängig davon, ob das Schiff im Hafen liegt oder sich auf See befindet.

Die Anzahl versuchter und tatsächlich erfolgter Piratenangriffe ist in den letzten Jahren stetig angestiegen. Der nachfolgende Abschnitt gibt einen Überblick über die aktuelle Entwicklung der Seepiraterie und zeigt die weltweiten Brennpunkte der Piratenaktivitäten.

3.2 Aktuelle Entwicklung

Piraterie gibt es schon so lange wie die Menschen zur See fahren und Handel treiben. Allerdings hat sich das Ausmaß in den vergangenen Jahrzehnten drastisch verändert und es vergeht inzwischen kaum ein Tag, an dem in den Nachrichten nicht über ein gekapertes Schiff oder geforderte Lösegeldzahlungen berichtet wird. Zwischen 2008 und 2010 ist die Anzahl von versuchten und durchgeführten Überfällen durch Piraten weltweit immens angestiegen: Wurden im Jahr 2008 noch 293 Angriffe gemeldet, lag die Zahl Ende 2010 bereits bei 445 Angriffen (vgl. IMB-PR 2011, S. 6).

Wie bereits in Kapitel 2 beschrieben, hat sich die Asien-Europa-Strecke zur weltweit wichtigsten Seehandelsroute entwickelt. Daher ist es nicht verwunderlich, dass gerade entlang dieser bedeutenden und viel befahrenen Strecke die Regionen mit den höchsten Angriffszahlen durch Piraten angesiedelt sind (s. Abb. 3.2, schraffierte Gebiete). Zu den gefährlichsten Gebieten zählen laut aktuellem IMB Piracy Report (vgl. IMB-PR 2011, S. 20ff.) weiterhin die gesamte Region um Indonesien, Malaysia und Bangladesch, die Straßen von Malakka und Singapur, besonders aber der Golf von Aden, das Rote Meer, große Teile des Indischen Ozeans sowie die afrikanischen Küstengewässer vor Somalia, Nigeria und Tansania. Abbildung 3.3 zeigt die Verteilung der zwischen Januar und Dezember 2010 erfolgten Angriffe nach Regionen.

Obwohl die Region Südostasien immer noch zu den meist gefährdeten Gebieten der Welt gehört, ist die Zahl der Piratenangriffe dort seit 2005 aufgrund der zunehmenden Patrouillen von Küstenwache und Behörden in den jeweiligen Anrainerstaaten kontinuierlich zurückgegangen (vgl. ebd., S. 20).

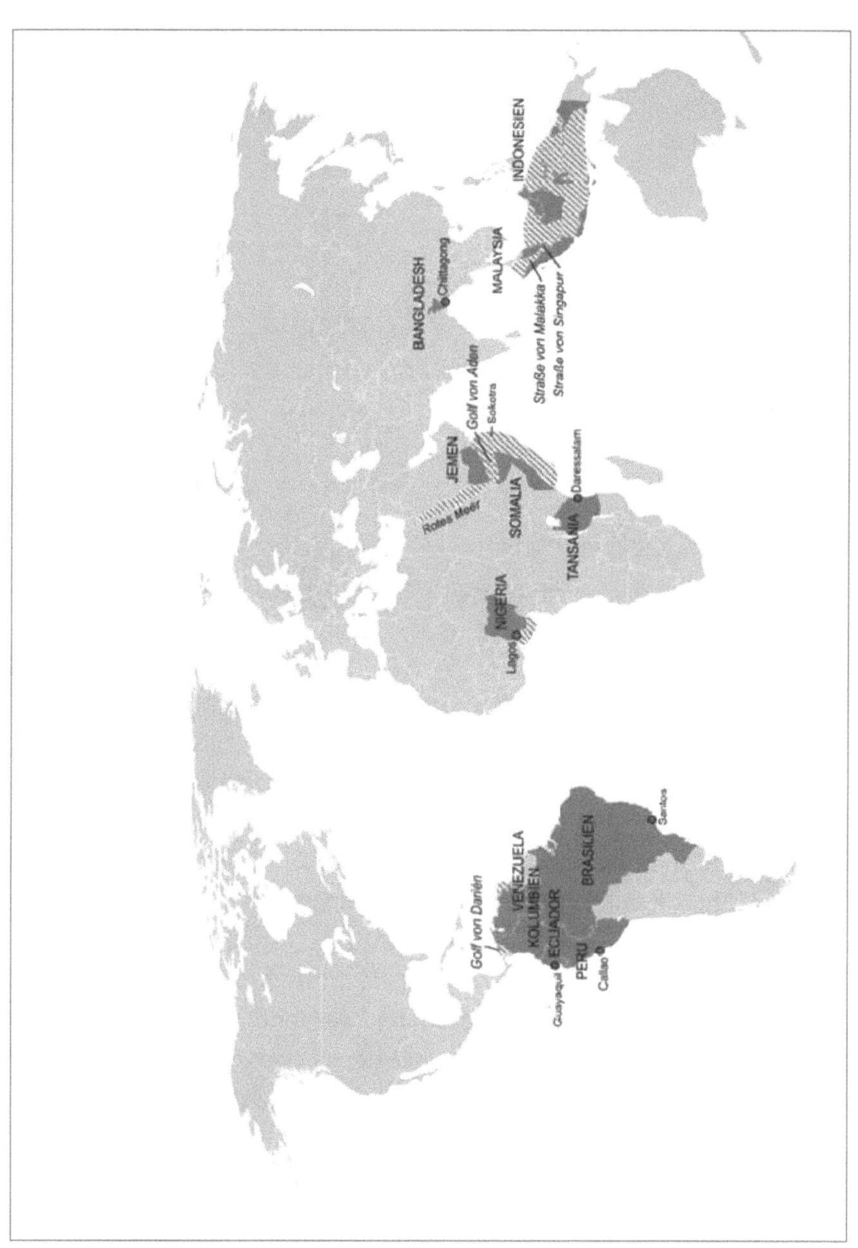

Abb. 3.2 Piraterie als weltweite Bedrohung
(Quelle: Lencer 2007)

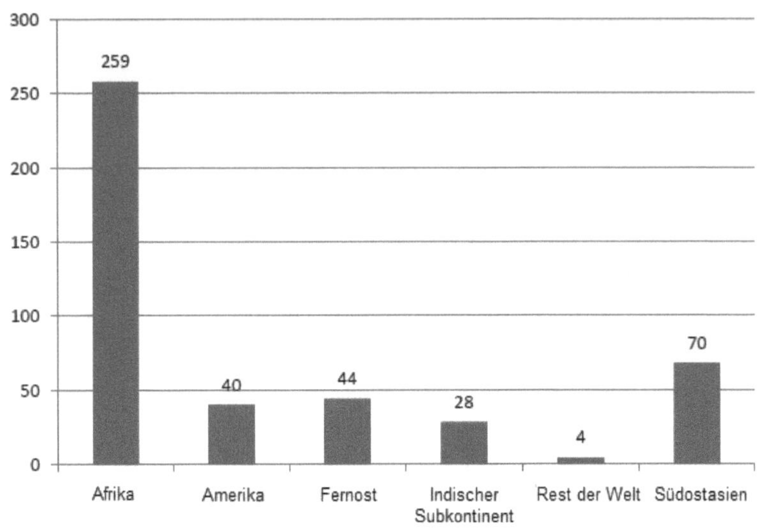

Abb. 3.3 Angriffe nach Region zwischen Januar und Dezember 2010 (Quelle: IMB-PR 2011, S. 7)

Die größte Gefahr geht zurzeit von somalischen Piraten aus, die für die Angriffe vor der Küste Somalias verantwortlich sind, aber auch für die im Golf von Aden, im Roten Meer, vor dem Oman und im Indischen Ozean. Im Jahr 2010 erfolgten insgesamt 219 Angriffe durch somalische Piraten (vgl. ebd., S. 19ff.). Die Piraten agieren in einem professionell organisierten Netzwerk von Fischern und ehemaligen Mitgliedern der Küstenwache bzw. Marine, an dessen Spitze Warlords und Clanführer des politisch stark zerrütteten Landes stehen. Sie versorgen die Piraten mit der entsprechenden Ausrüstung: eigenen Schiffen, Waffen und der notwendigen Infrastruktur an Land (vgl. Petrovic 2009, S. 5). Meist dienen entführte Fischerboote (s. Abb. 3.4) als Mutterschiffe, von denen aus die Angriffe erfolgen. Inzwischen nutzen die Piraten häufig auch von ihnen gekaperte Hochseeschiffe (vgl. IMB-PR 2011, S. 19), so dass immer mehr Angriffe weit draußen auf Hoher See, teilweise bis zu 600 sm (ungefähr 1.111 km) von der Küste entfernt erfolgen.

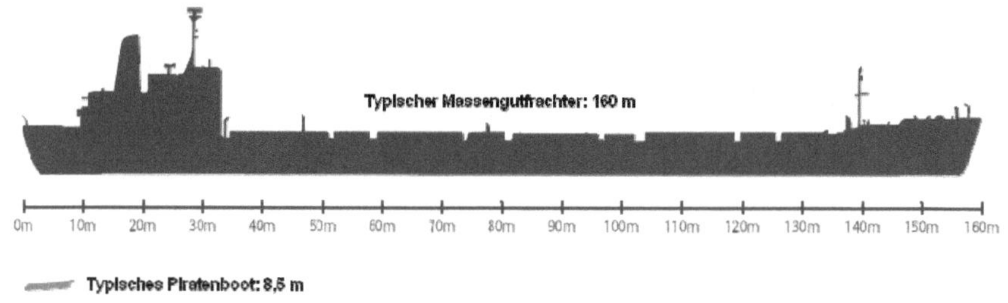

Abb. 3.4 Größenvergleich Frachtschiff–Piratenboot
(Quelle: AGCS 2009, S. 14)

Zusammen mit dem Fachwissen der ehemaligen Mitarbeiter der Küstenwache über Navigation, Schiffsführung und die geographischen Gegebenheiten der Gewässer rund um Somalia sind die Piraten befähigt, große Supertanker und Containerschiffe anzugreifen und zu entführen. Die somalischen Piraten sind inzwischen darauf spezialisiert, die gekaperten Schiffe in Stützpunkte in ihren Territorialgewässern zu bringen und Schiff und Besatzung zur Erpressung millionenhoher Lösegelder monatelang festzuhalten. Auf diese Weise haben Piraten im Jahr 2008 schätzungsweise mehr als 150 Millionen US-Dollar erbeutet (vgl. DVZ 2009). Seit dem 31.12.2010 kaperten mutmaßliche somalische Piraten 28 Schiffe und halten 638 Besatzungsmitglieder als Geiseln fest (vgl. IMB-PR 2011, S. 19). Gemäß aktuellen Presseberichten wurde gerade erst am 22. Januar 2011 die „Beluga Nomination", ein Schiff der deutschen Beluga-Reederei, im Indischen Ozean gekidnappt und befindet sich seitdem in den Händen somalischer Piraten (vgl. Utler 2011).

Mit dem beschriebenen Aktionsradius der Piraten vergrößert sich auch das durch internationale Marineschiffe zu überwachende Gebiet. Durch die Präsenz internationaler Kriegsschiffe, die seit 2008 im Rahmen der EU Marineoperation *Atalanta*[2] insbesondere im Golf von Aden patrouillieren (s. Abb. 3.5), konnte 2010 die Anzahl der Piratenangriffe dort auf 53 Überfälle reduziert und damit mehr als halbiert werden (vgl. ebd., S. 19).

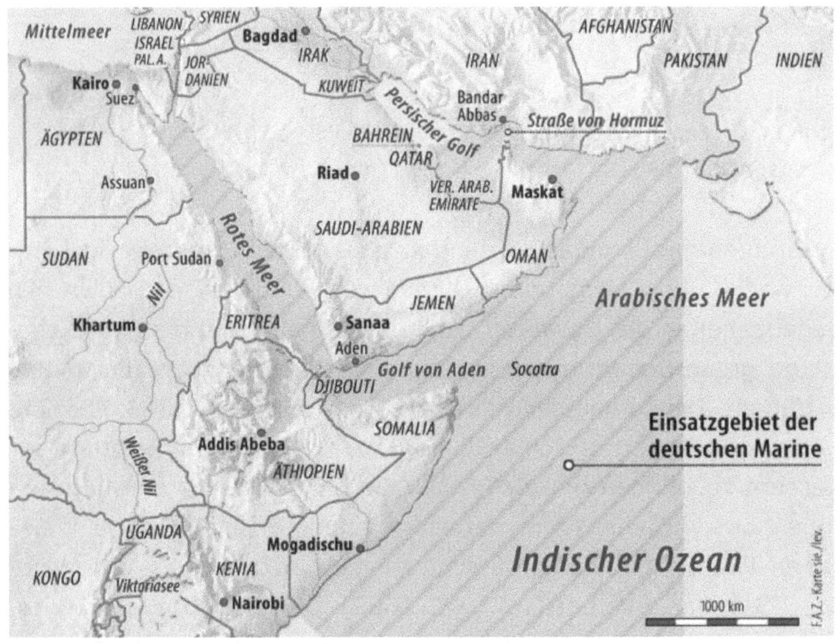

Abb. 3.5 Atalanta-Mission: Einsatzgebiet der deutschen Marine (Quelle: F.A.Z. 2009)

Trotz der vom PRC veröffentlichten Zahlen und Statistiken ist davon auszugehen, dass die Dunkelziffer sehr hoch ist. Häufig werden Angriffe nicht gemeldet und können somit auch nicht erfasst werden.

[2] Die seit Dezember 2008 laufende EU-NAVFOR Marineoperation Atalanta hat neben dem Schutz der Lieferungen des Welternährungsprogramms und der Handelsschiffe das Ziel der „Abschreckung, Verhütung und Bekämpfung seeräuberischer Handlungen und bewaffneter Raubüberfälle" in den Gewässern am Horn von Afrika (vgl. Bundeswehr 2010).

Ursache dafür könnte z. B. die Gefahr sein, dass im Falle eines gemeldeten Überfalls die daraufhin eventuell steigenden Versicherungsprämien höher sind als der bei kleineren Angriffen entstandene Schaden (vgl. Kapitel 5.1.4).

3.3 Auswirkungen auf die deutsche Seeschifffahrt

Deutschland gehört zu den weltweit führenden Seefahrernationen. Mit einer Deadweight Tonnage[3] von insgesamt fast 104 Millionen und 3627 Schiffen war im Jahr 2010 die weltweit viertgrößte Handelsflotte in Besitz von deutschen Schiffseignern. Allein die vier Nationen Griechenland, Japan, China und Deutschland hielten zusammen knapp die Hälfte der weltweit verfügbaren Seetransportkapazitäten (vgl. UNCTAD 2010, S. 35ff.).

Zwischen Januar und Dezember 2010 wurden insgesamt 69 Schiffe in deutschem Besitz bzw. von deutschen Reedereien betriebene Schiffe von Piraten angegriffen. Wie Abbildung 3.6 zeigt, steht Deutschland damit an der Spitze der Länder, deren Schiffe mindestens zwölfmal oder öfter Opfer eines Piratenangriffs waren (vgl. IMB-PR 2011, S. 18). Laut einer im Juli 2010 von PricewaterhouseCoopers veröffentlichten Studie waren von 101 befragten deutschen Reedereien 42 schon einmal Opfer eines Piratenangriffs; knapp die Hälfte der betroffenen Reedereien in den vergangenen Jahren sogar bereits mehrfach.

Allein aufgrund der Tatsache, dass größere Reedereien mehr Schiffe betreiben als kleinere, sind sie auch häufiger von Piratenangriffen betroffen. Aber auch von deren Folgen wie Mehrkosten durch höhe-

[3] Gemeint ist die Gesamttragfähigkeit eines Schiffes inklusive Besatzung, Treibstoff, Nahrungsmittel etc.

re Versicherungsprämien, technische Umbauten am Schiff und alternative Streckenführungen.

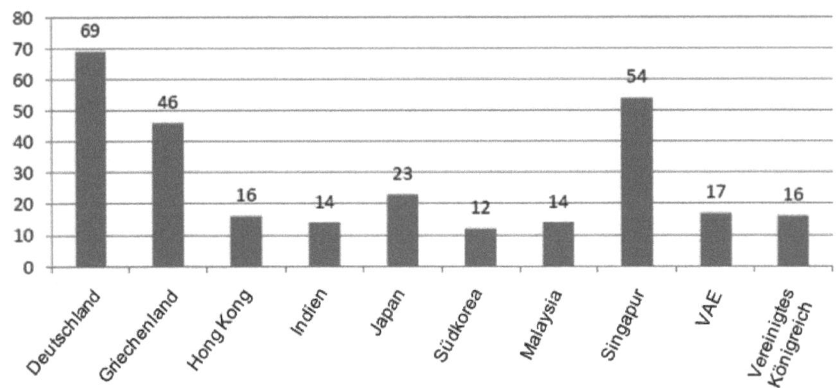

Abb. 3.6 Anzahl der Angriffe auf vom angegebenen Land betriebene Schiffe zwischen Januar und Dezember 2010

(Quelle: nach IMB-PR 2011, S. 18)

Der Seetransport ist bislang oft die günstigste Transportart (s. Kapitel 2). Dies könnte sich aber aufgrund der durch Piraterie entstehenden Mehrkosten als Folge von kostenintensiven Präventions- und Abwehrmaßnahmen sowie steigenden Versicherungsprämien ändern. Um weiterhin am Markt bestehen zu können, könnten Reedereien diese Mehrkosten über Preiserhöhungen an den Kunden weitergeben, was sich wiederum über steigende Warenverkaufspreise bis zu den jeweiligen Produktkunden durchziehen würde.

4 Theoretische Grundlagen: Risikomanagement

4.1 Begriffsbestimmung Risiko

In der betriebswirtschaftlichen Fachliteratur gibt es zahlreiche Definitionen des Risikobegriffs, auf die an dieser Stelle nicht näher eingegangen werden soll. Als Grundlage für die folgenden Ausführungen dient die Begriffsbestimmung des durch die Risk Management Association e. V. herausgegebenen Standards „Risiko- und Chancenmanagement". Danach ist ein Risiko „eine durch ein Ereignis oder einen Umstand bedingte negative Abweichung von einem erwarteten Ziel" (RMA 2006, S. 6).

Es gibt zahlreiche Risikoarten, und mit zunehmender Vernetzung und Komplexität werden es immer mehr. Die nachfolgende Aufstellung ist daher lediglich eine Auswahl der verschiedenen existierenden Risiken (vgl. Proske 2008, S. 73ff.; Schneck 2005, S. 883f.):

- natürliche Risiken (Erdbeben, Stürme, Überschwemmungen, Vulkanausbrüche),
- natürliche Risiken, die technische Unglücke auslösen,
- Risiken aufgrund von menschlichem Versagen,
- technische Risiken (Dammbrüche, Flugzeugabstürze, Maschinenschäden, Produktmängel),
- gesundheitliche Risiken (AIDS, Herzinfarkt, Pest, Schweinegrippe, Unfälle),
- soziale Risiken (Selbstmord, Armut, Krieg, Mord),
- politische Risiken (Putsch, politische Instabilität, Gesetze, Embargos,

- Marktrisiken (Konjunktureinbrüche, Wettbewerb, Absatzeinbrüche),
- Finanzrisiken (Zahlungsunfähigkeit, Währungspolitik, Währungsrisiken).

4.2 Allgemeines Risikomanagement

Globalisierung, die dadurch ständig wachsende Zahl an Wettbewerbern, neue Technologien und eine immer komplexer werdende Umwelt bringen ein Unternehmen täglich in eine neue Risikosituation. Es ist daher heutzutage für ein Unternehmen unerlässlich, stets seine potentiellen und tatsächlichen Risiken zu erkennen und zu analysieren. Nur so kann das Unternehmen zeitnah und effizient reagieren und letztlich am Markt überleben. Um die Bedeutung der Risikovorsorge zu unterstreichen, verlangt auch der Gesetzgeber mit dem seit Mai 1998 gültigen Gesetz zur Kontrolle und Transparenz im Unternehmensbereich (KonTraG) von börsennotierten Unternehmen (aber indirekt auch von Geschäftsführern anderer Gesellschaftsformen, z. B. § 43 I und II GmbHG), ein Risikomanagementsystem einzurichten, mit dem der Fortbestand eines Unternehmens und seiner Ziele durch das frühzeitige Erkennen von Risiken und Gefahren gesichert werden soll (vgl. § 91 II AktG). Auch im Deutschen Corporate Governance Kodex wird an die Sorgfaltspflicht von Vorstand und Aufsichtsrat eines Unternehmens appelliert und ein regelmäßiger Informationsaustausch über Risikosituation und Stand des Risikomanagementsystems gefordert (vgl. DCGK 2009, Abschnitt 3.4).

Grundsätzlich betrifft das Risikomanagement die strategische und die operative Ebene eines Unternehmens. Das strategische Risikomanagement gibt den allgemeinen, an den strategischen Zielen des

Unternehmens ausgerichteten Rahmen vor und definiert die Unternehmenspolitik hinsichtlich des gesamtheitlichen Umgangs mit Risiken (vgl. Romeike 2002, S. 14). Wie oben beschrieben, tragen dabei die Geschäftsleitung bzw. der Vorstand eines Unternehmens die Verantwortung für Entwicklung und Kommunikation der strategischen Risikopolitik. Das operative Risikomanagement dagegen ist der eigentliche Risikomanagementprozess. Wie Abb. 4.1 zeigt, besteht dieser Prozess aus vier Schritten:

In Schritt 1 erfolgt das systematische Erkennen und Bewerten von potentiellen und tatsächlichen Risiken. Mit Schritt 2 werden die identifizierten Risiken hinsichtlich ihrer Eintrittswahrscheinlichkeit und dem zu erwartenden Schadensausmaß bewertet. Schritt 3 befasst sich mit der eigentlichen Strategie im Umgang mit dem erkannten Risiko. Grundsätzlich bestehen die folgenden Möglichkeiten zum Umgang mit Risiken (vgl. RMA 2006, S. 19):

- Risiko vermeiden: Das Eintreten eines Risikos wird z. B. durch den Ausstieg aus einem gefährlichen Geschäft komplett umgangen.
- Risiko vermindern: Durch entsprechende Präventionsmaßnahmen wird das Schadensausmaß eines Risikos verringert.
- Risiko überwälzen: Das Risiko wird teilweise oder komplett auf Dritte übertragen, z. B. mit Versicherungen, speziellen Kunden- und/oder Lieferantenverträgen. Überwälzung ist grundsätzlich mit Kosten verbunden.
- Risiko selbst tragen: Hier wird das Risiko bewusst in Kauf genommen, ohne zu versuchen, es durch eine der oben genannten Alternativstrategien abzuwenden oder einzudämmen.

In Schritt 4 werden die Ergebnisse der in Schritt 3 angewandten Strategien kontinuierlich überwacht und an die entsprechenden Stellen bzw. Personenkreise kommuniziert.

Die vier Schritte des Risikomanagementprozesses bilden einen Kreislauf, d. h., der Prozess geht nach Phase vier sofort wieder in die Phase eins über und ist ein kontinuierliches Durchlaufen der einzelnen Phasen.

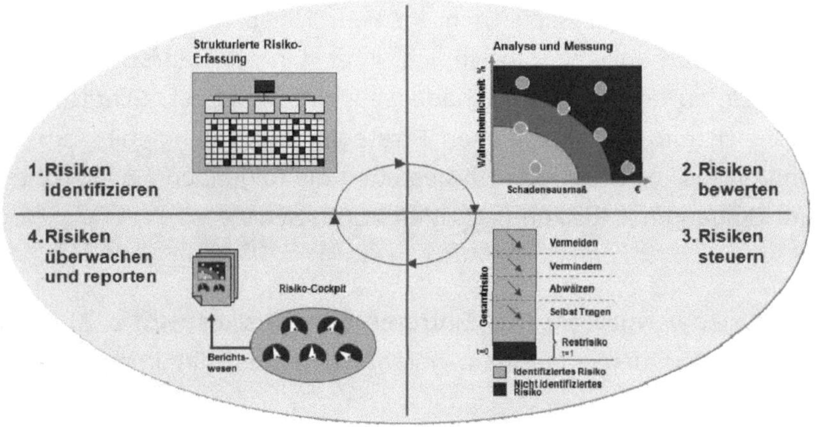

Abb. 4.1 Risikomanagementprozess
(Quelle: Risknet 2009)

Es gibt verschiedene Steuerungsmöglichkeiten und Strategien, mit denen sich ein Unternehmen vor den negativen Auswirkungen der identifizierten Risiken schützen kann. Anhand der in diesem Kapitel vorgestellten vier Risikostrategien (Schritt 3 des Risikomanagementprozesses) beschreibt das nachfolgende Kapitel die wichtigsten Maßnahmen für die von der Seepiraterie am härtesten betroffenen Gruppen, nämlich Reedereien, Ladungseigner und Versicherer.

5 Risikostrategien für Reedereien, Ladungseigner und Versicherer

Es gibt zahlreiche Risiken, die ein Unternehmen bedrohen können: natürliche, technische, politische Risiken, Marktrisiken und noch viele mehr (vgl. Kapitel 4). Unternehmen können nicht alle Risiken beseitigen und sich auch nicht gegen alle absichern. Es ist mitunter auch nicht sinnvoll, sich gegen jedes Risiko abzusichern. Das Verhältnis zwischen Eintrittswahrscheinlichkeit eines Risikos und zu erwartender Schadenshöhe sowie dem für die Absicherung erforderlichen finanziellen Aufwand rechtfertigt die Absicherung häufig nicht. Allerdings können Unternehmen mit einer effizienten und gut strukturierten Risikopolitik und den entsprechenden Risikostrategien den Auswirkungen der Risiken vorbeugen und deren Schadensausmaße eindämmen.

Bezogen auf die Seepiraterie stellen die folgenden Punkte die bedeutendsten Risiken für die von einem Piratenangriff betroffenen Unternehmen dar (vgl. PWC 2010, S 8, 18ff.):

- Beschädigung und/oder Verlust der Ladung,
- Beschädigung und/oder Verlust des Schiffes,
- finanzielle Verluste aufgrund von Lösegeldforderungen,
- Personenschäden (Verletzte und Tote),
- Folgeschäden wie Ausfallzeiten der Schiffe, Vertragsstrafen aufgrund von Lieferverzögerungen,
- steigende Versicherungsprämien,
- Mehrkosten durch Präventionsmaßnahmen (Schulungen, andere Transportwege, technische Aufrüstung auf Schiffen etc.),

- Imageschäden,
- Probleme bei der Rekrutierung geeigneter Besatzung für bestimmte Routen,
- steigende Personalkosten durch Gefahrenzuschläge.

Seepiraterie trifft vor allem Reedereien, Ladungseigner, die ihre Waren durch die Reedereien transportieren lassen sowie die Versicherer, die die beiden vorgenannten Gruppen für ihre durch Piraterie entstandenen Verluste entschädigen müssen.

Es gibt unterschiedliche Strategien wie die betroffenen Unternehmen mit den oben genannten Risiken umgehen können. Hier noch einmal eine kurze Wiederholung der in Abschnitt 4.2 vorgestellten vier Risikostrategien:

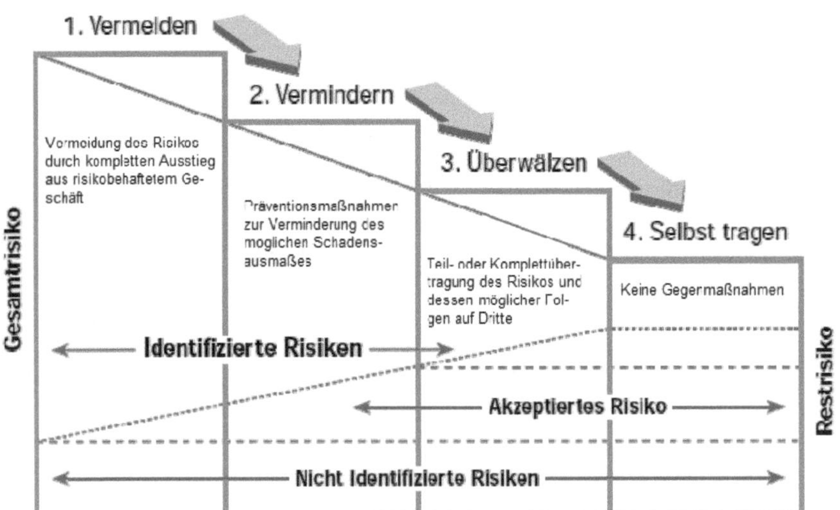

Abb. 5.1 Übersicht Risikostrategien
(nach Romeike 2002, S. 17)

Zur Einführung gibt Abb. 5.2 einen Überblick über die wichtigsten Risikostrategien für Reedereien, Ladungseigner und Versicherer. Ausgehend von dieser Aufstellung wird in den darauf folgenden Abschnitten näher auf die einzelnen Möglichkeiten und Maßnahmen zur Bekämpfung des Risikos Piraterie eingegangen.

Risikostrategie	Reederei	Ladungseigner	Versicherer
Vermeiden	• Aufgabe von Strecken • Alternativstrekken	• Andere Transportmittel	• Unmöglich, da Hauptgeschäftsfeld
Vermindern	Abwehrmaßnahmen: • personell - Seminare - Übungen • organisatorisch - Risikoanalyse - Frühwarnsystem PRC - BMP • technisch - LRAD - Elektrozäune • etc.	• Alternativstrecken • Aufteilung der Ladung auf mehrere Schiffe	• Prävention • Einsatz für Verbesserungen der rechtlichen Rahmenbedingungen • (Rück-)Verfolgung von Piraten und geraubten Waren und Schiffen.
Überwälzen	• Versicherer - Seekaskoversicherung - Ertragsausfallversicherung • Kunde - Zusatzgebühren - Große Haverei • etc.	• Versicherer - Warentransportversicherung • Große Haverei • Vertragspartner (Verkäufer-/Käuferbeziehung) - Incoterms	• Versicherungsnehmer - höhere Prämien - neue Deckungskonzepte • Rückversicherer
Selbst tragen	• Kosten für Abwehrmaßnahmen • Unternehmerisches Risiko	• nichts unternehmen, da Risiko zu gering • Unternehmerisches Risiko	• Geschäftszweck • Unternehmerisches Risiko

Abb. 5.2 Übersicht möglicher Risikostrategien für Reedereien, Ladungseigner und Versicherer (eigene Erstellung)

5.1 Risikostrategien für Reedereien

Ohne den Seetransport wäre es heute unmöglich, die globalen Warenströme aufrechtzuerhalten. Reedereien, Schiffseigner und Schiffsbesatzungen sind dabei direkt den Risiken und Gefahren der Seepiraterie ausgesetzt. Für den einen bedeutet dies im schlimmsten Fall die Bedrohung der Geschäftsgrundlage aufgrund der Beschädigung oder des Verlustes von Unternehmensressourcen wie Besatzung, Schiffe und finanzielle Mittel. Für den anderen kann ein konkreter Piratenangriff noch drastischere Formen annehmen, bis hin zur Bedrohung des eigenen Lebens durch Gewalt und Entführung. Es liegt daher im Interesse aller Beteiligten, die durch Piraterie hervorgerufenen Risiken zu kennen und geeignete Maßnahmen zur Prävention und zum Schutz des Lebens der Besatzung und der Aufrechterhaltung der Geschäftsfähigkeit des Eigners zu entwickeln und anzuwenden. Nachfolgend werden einige Beispiele dieser Möglichkeiten für Reedereien, Schiffseigner und Besatzungen vorgestellt.

5.1.1 Risiko vermeiden

Wie oben bereits beschrieben, kann ein Risiko meist nur vermieden werden, indem das risikobehaftete Geschäft komplett aufgegeben wird. Ein Reeder könnte eine bisher gefahrene Route aus Sicherheitsgründen aufgeben und nicht mehr in seinem Streckennetz anbieten (vgl. PWC 2010, S.18). Eine weitere Möglichkeit ist das Befahren von Alternativstrecken, um zwar die betroffenen Gebiete und die Gefahren zu vermeiden, aber nicht vollkommen auf einen Geschäftsbereich verzichten zu müssen. Diese Maßnahme birgt allerdings auch wirtschaftliche Risiken aufgrund der finanziellen Belastung durch große Umwege. Viele Reedereien verzichten inzwischen darauf, den Suez-Kanal und den Golf von Aden zu durchfahren. Stattdessen nehmen sie den längeren und dadurch teureren Umweg (vgl. Friederichs 2009, zitiert nach Nöll) über das Kap der guten Hoffnung in Kauf.[4] Längere Strecken bedeuten Mehrkosten für die Reederei und ihre Kunden: höhere Charterpreise für Schiffe und höhere Treibstoffkosten[5] aufgrund der größeren Distanzen (vgl. IMO News 2008, S. 8). Zudem müssen eventuell zusätzliche Schiffe eingesetzt werden, um einen geregelten Linienverkehr aufrechtzuerhalten (vgl. Spiegel Online 2008). Im Juni 2010 ergriffen bereits 41 % der deutschen Reeder diese Strategie und akzeptierten große Umwege (vgl. PWC 2010, S. 17ff.), um dem Risiko eines Piratenangriffs und den damit verbundenen Folgen für ihr Unternehmen zu entgehen.

5.1.2 Risiko vermindern

Nicht nur wirtschaftliche Faktoren wie die im vorangegangenen Abschnitt beschriebenen Mehrkosten durch alternative Streckenführungen, sondern auch moralische Beweggründe veranlassen die Mehrheit der Reedereien dazu, auch weiterhin die Strecke durch den Golf von Aden zu befahren. In einem Interview mit Hauke Friederichs von der ZEIT äußerte Hans-Heinrich Nöll, Hauptgeschäftsführer des Verbands Deutscher Reeder, dass „die Reeder sich nicht von Kriminellen vorschreiben lassen könnten wo sie ihre Schiffe einsetzen. [...] ‚Es geht auch um die Freiheit des Seeverkehrs und der friedlichen Handelsschifffahrt.' " (Friederichs 2009, zitiert nach Nöll).

Um sich dennoch so gut wie möglich vor den Risiken eines Piratenangriffs zu schützen und das Schadensausmaß zu vermindern, tref-

---

4 Bei einer Durchschnittsgeschwindigkeit von 20 kn benötigt ein Schiff von Hamburg nach Hong Kong (ca. 10.000 sm) über den Suez-Kanal ca. 21 Tage, über das Kap der guten Hoffnung (ca. 14.000 sm) ca. 29 Tage (vgl. NIMA 2001).

5 Treibstoffkosten schwanken je nach Fahrweise, Ölpreis und Distanz, machen aber bei großen Schiffen über 60 % der Betriebskosten aus (vgl. UNCTAD 2008, S. 26).

fen die Reedereien für sich und ihre Besatzungen zahlreiche Präventions- und Abwehrmaßnahmen (s. Abb. 5.2). In den nachfolgenden Abschnitten werden vielfältige Maßnahmen vorgestellt, die u. a. in Best Management Practices (BMP) des IMB und im Informationsschreiben Nr. 1334 des IMO Maritime Safety Committee (MSC) empfohlen werden:

- personelle Maßnahmen,
- organisatorische Maßnahmen,
- technische Maßnahmen.

Die hier beschriebenen Maßnahmen stellen lediglich eine Auswahl dar. In den angesprochenen Dokumenten werden weitere Schutzmaßnahmen und Empfehlungen aufgeführt.

Personelle Maßnahmen

Das IMB und andere Veranstalter bieten Intensivkurse und Sicherheitstrainings für Schiffsbesatzungen und Sicherheitsbeauftragte (Company Security Officer, Ship Security Officer etc.) sowie Führungskräfte von Reedereien an, um die entsprechenden Personenkreise vorab intensiv auf einen möglichen Piratenangriff vorzubereiten. Inhalte dieser Kurse sind u. a.:

- allgemeine Informationen, Analysen und Statistiken zu aktuellen Gefahrenzonen und Piratenaktivitäten,
- Verhaltensregeln für die Besatzung im Fall eines Piratenangriffs/Piraten an Bord/Entführung,
- konkrete Abwehrmaßnahmen und Sicherheitsvorschriften und -abläufe an Bord,
- Verhaltensregeln für Lösegeldverhandlungen,

- Krisenmanagement für Führungskräfte,
- Informationen zu rechtlichen Grundlagen.

Zur Veranschaulichung findet sich im Anhang dieser Studie die Agenda eines im November 2009 durch das IMB in London angebotenen Intensivkurses (vgl. Anhang I.).

Das IMB empfiehlt, die im Rahmen der Umsetzung des ISPS Codes (internationaler Sicherheitskodex gegen Terror für Passagier- und Frachtschiffe) erstellten Dokumente wie Schiffsrisikobewertung und Gefahrenabwehrplan zu überarbeiten. Sicherheits- und Notfallpläne zur Piratenabwehr sowie Verhaltensregeln für den Ernstfall (Angriff/Piraten an Bord/Entführung) sollten vor Durchquerung der Gefahrenregion von der Besatzung wiederholt und trainiert werden (vgl. IMB-BMP 2009, S.6ff.).

Organisatorische Maßnahmen

Generell, aber besonders vor Beginn der Durchquerung eines Risikogebietes, sollten jede Reederei und der verantwortliche Kapitän eine Risikobewertung durchführen, um die Eintrittswahrscheinlichkeit und die potentiellen Konsequenzen eines Piratenangriffs für das jeweilige Schiff beurteilen zu können (vgl. Kapitel 4). Grundlage dieser Risikobewertung sind neueste Informationen über Piratenaktivitäten, die z. B. vom IMB-PRC (s. Abb. 5.3) oder dem Maritime Security Centre für das Horn von Afrika (MSCHOA) kostenlos zur Verfügung gestellt werden.

Steht eine Durchquerung des Golfs von Aden an, sollte entweder direkt der Kapitän des Schiffes oder die Reederei vier bis fünf Tage vor Ankunft in der betroffenen Region die geplante Fahrt bei den nachfolgend aufgeführten Institutionen online, per Fax oder E-Mail anmelden (vgl. IMB-BMP 2009, S. 3ff.; IMO SN/Circ. 281 2009, S. 3).

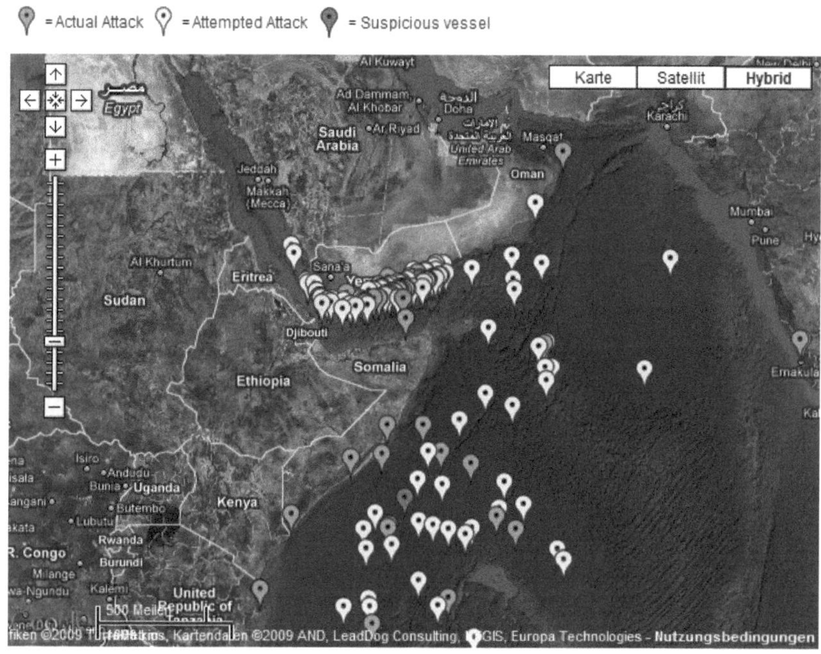

Abb. 5.3 „Live Piracy Map 2010"
(Quelle: IMB-PRC 2011)

- UK Maritime Trade Operations (UKMTO):

  Das UKMTO in Dubai ist die erste Anlaufstelle für Handelsschiffe in der Region Suez-Kanal/Golf von Aden/Ostafrika/Indischer Ozean und Verbindungsstelle zu den EU Marinestreitkräften (EU-NAVFOR) vor Ort. Im Rahmen des Voluntary Reporting Scheme nimmt das UKMTO regelmäßige Berichte von den die Region durchfahrenden Handelsschiffen auf und sammelt Angaben zu deren Position, Kurs, Geschwindigkeit, geschätzter und tatsächlicher Ankunftszeiten im Zielhafen. Auf diese Weise kann das UKMTO die Positionen der Schiffe nachverfolgen und diese Informationen an die Marinestreitkräfte weitergeben. Diese enge Kommunikation und Übersicht über den aktuellen Schiffsverkehr in der Gefahrenregion ermöglichen einen direkten Informationsaustausch mit den einzelnen Schiffen. Der zeitaufwendige Kontakt über die Reedereien entfällt, was Zeit spart und die Reaktionsgeschwindigkeit im Ernstfall erhöht (vgl. MSCHOA 2009).

- Marine Liaison Office (MARLO):

  Das MARLO dient als Informationsschnittstelle zwischen den alliierten Marinestreitkräften und der zivilen Handelsschifffahrt. Nach dem UKTMO ist das MARLO die zweite Anlaufstelle für Handelsschiffe in Not und stellt Informationen für eine sichere Durchquerung der Gefahrenregion zur Verfügung (vgl. ebd. 2009).

- Maritime Security Centre Horn of Africa (MSCHOA):

  Das MSCHOA ist eine 2008 von der EU gegründete Organisation zur Bekämpfung der Piraterie am Horn von Afrika und im Golf von Aden. Im Rahmen der UN Resolutionen 1814, 1816 und 1838 (alle 2008) dient das MSC dem Schutz und der Unterstützung aller zivilen Handelsschiffe, die in der genannten Region verkehren. Reedereien und Schiffskapitäne können sich auf der Webseite des MSCHOA unter „*www.mshoa.eu*“ registrieren und erhalten dort aktuellste Informationen und Hilfe zur Verminderung des Risikos eines Piratenangriffs. Andererseits können Schiffe über diese Plattform laufend ihre Position melden, Piratenwarnungen abrufen und wie beim PRC einen versuchten oder erfolgten Angriff anzeigen (vgl. ebd. 2009).

Anhand des Informationsaustauschs und der Benachrichtigungen können die oben genannten Organisationen zudem mögliche Probleme identifizieren und Begleitschutz durch ein EU-NAVFOR Marineschiff oder Konvoi-Fahrten mit anderen Handelsschiffen durch den Golf von Aden organisieren (vgl. Anhang II.). Weitere Informationen zu Zeiten und Geschwindigkeiten sowie Verhaltensempfehlungen für die Konvoi-Fahrt stellt das MSHOA auf seiner Internetseite zur Verfügung.

Unabhängig davon, ob Schiffe allein oder im Verband den Golf von Aden durchqueren, empfehlen MSHOA und EU-NAVFOR, ausschließlich innerhalb des empfohlenen Transitkorridors (IRTC) zu fahren (vgl. Anhang II.; IMO SN/Circ. 281 2009). Zudem sollten Schiffe möglichst nachts fahren, da zu dieser Zeit bisher kaum erfolgreiche Piratenangriffe stattgefunden haben (vgl. IMB-BMP 2009, S. 7).

Technische Maßnahmen

Auswertungen erfolgreicher Piratenangriffe haben ergeben, dass bestimmte Schwachstellen und Charakteristika eines Schiffes einen Piratenangriff begünstigen. Hierzu zählen laut den IMB Best Management Practices (2009, S. 2):

- niedrige Höchstgeschwindigkeiten (unter 18 Knoten),
- ein niedriges Freibord[6] (unter 4 m),
- unzureichende Planung und Arbeitsweisen,
- erkennbar geringes Maß an Wachsamkeit und/oder keine sichtbaren Abwehrmaßnahmen,

---

[6] Freibord: bei Handelsschiffen auf halber Schiffslänge gemessener Abstand von der Oberkante des Decks bis zur tatsächlichen Wasseroberfläche oder bis zur Oberkante der Markierung, die den maximalen Tiefgang angibt (eigene Definition).

- langsame Reaktionszeiten des Schiffes.

Das Risiko eines Piratenangriffs lässt sich demnach minimieren, wenn die eben genannten Merkmale beseitigt werden. Zusätzlich gibt es weitere Empfehlungen, die einen Angriff bereits durch Abschreckung vereiteln können oder solche, die die Piraten so lange vom Schiff fern halten, bis Unterstützung durch Marinestreitkräfte eintrifft. Nachfolgend werden einige der effizientesten Maßnahmen vorgestellt.

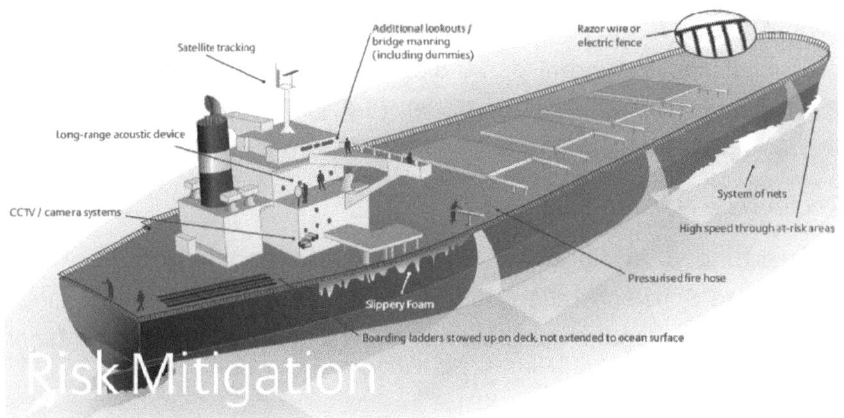

Abb. 5.4 Technische Maßnahmen zur Risikominderung an Bord
(Quelle: AGCS 2009, S. 16)

Wie Abb. 5.4 zeigt, können technische Umbauten an Bord eines Schiffes vorgenommen werden, die besonders bei langsamen Schiffen oder solchen mit niedrigem Freibord helfen, angreifende Piraten möglichst lange oder ganz vom Betreten des Schiffes abzuhalten. Hierzu gehören (vgl. IMB-BMP 2009, S. 8f.; IMO MSC/Circ. 1334 2009, S. 12):

- seitlich am Schiff angebrachte Netze,
- Stacheldraht und Elektrozäune,
- Long-Range Acoustic Devices (LRAD[7]),
- Wasserkanonen,
- Einrichtung eines sog. Panic Room an Bord,
- Verstauen der Gangways an Bord (nicht außenbords),
- Verbreiterung der Oberkanten der Schiffsseiten, damit Enterhaken keinen Halt finden,
- Installation von Dummies an der Reling, die zusätzliche Wachen vortäuschen sollen.

Immer mehr deutsche Reedereien ergreifen Sicherheitsmaßnahmen dieser Art, um Schiff und Besatzung vor einem Piratenangriff zu schützen. Viele dieser Maßnahmen sind allerdings auch mit hohen Kosten verbunden. Die Anschaffung eines LRAD-Systems allein kostet je nach Ausführung zwischen 10.000 und 100.000 Euro (vgl. Lange 2009).

Viele Reedereien passen im Rahmen der Präventionsmaßnahmen ihre Fahrtgeschwindigkeiten an, verzichten auf eine ökonomisch und ökologisch orientierte Fahrweise und durchqueren aus Sicherheitsgründen den Golf von Aden mit Höchstgeschwindigkeit. Große Reedereien wie die dänische Maersk Group schicken zudem nur ihre größten und schnellsten Schiffe durch diese Region (vgl. Leach 2009).

---

[7] System zum Versenden von gesprochenen Nachrichten sowie abwehrenden Tonsignalen („Schallkanone“, vgl. Anhang III.).

Auch das IMB empfiehlt folgende Fahrweise im Golf von Aden und rund um Somalia (vgl. IMB-BMP 2009, S. 3; 12):

- hohe Geschwindigkeiten (über 15 kn),
- Zickzack-Fahren bzw. Ausweichmanöver,
- mehr als 600 sm von der somalischen Küste entfernt bleiben, wenn kein somalischer Hafen angesteuert werden soll (vgl. IMB-PR 2009, S. 25).

Tracking-, Alarm-, Kommunikations- und Überwachungssysteme sind im Ernstfall unerlässlich. Sie helfen zunächst, sich dem Schiff nähernde Piraten zu orten. Im Falle eines Angriffs kann durch ein Alarmsystem die eigene Besatzung gewarnt und durch entsprechende Signale Unterstützung gerufen werden. Mittels Trackingsystemen kann Reedereien und zu Hilfe kommenden Schiffen stets die aktuelle Position des betroffenen Schiffes übermittelt werden. Auch hier empfehlen IMB und IMO (vgl. IMB-BMP 2009, S. 8ff.; IMO MSC/Circ. 1334 2009, S. 7ff.) folgende Maßnahmen:

- Zusätzliche Wachposten, Radar und Nachtsichtgeräte sollten verwendet werden, um frühzeitig nahende Piraten auszumachen.
- Das durch die SOLAS-Verordnung seit 2002 geforderte Automatische Identifikationssystem (AIS) für international verkehrende Schiffe ab 300 Bruttoraumzahl (BRZ) kann nach Ermessen des Kapitäns aus Sicherheitsgründen ausgeschaltet werden. Gemäß den BMP sollten im Notfall allerdings wenigstens die Daten zur Identität, Position, Kurs, Geschwindigkeit des Schiffes und sicherheitsrelevante Informationen gesendet werden.

- Funkkommunikation sollte soweit wie möglich eingeschränkt werden, um Abhörversuche durch Piraten zu vermeiden. Im Notfall können Schiffe der Marinestreitkräfte über VHF Funk-Kanal 16 oder 8 kontaktiert werden.
- Zur Schiffsortung und als Alarmsystem sollte Satellitentechnik eingesetzt werden (z. B. das vom IMB empfohlene System „ShipLoc").
- Überwachungskameras sollten installiert und betrieben werden.
- Es sollte so viel Beleuchtung wie nötig eingesetzt werden, um die Vorschriften für eine sichere Navigation einzuhalten („International Regulations for Preventing Collision at Sea" 1972), aber so wenig wie möglich, um Piraten möglichst wenig Bezugspunkte zu liefern, wenn sie sich einem Schiff nähern wollen.
- Standardisierte Alarmsysteme und -töne sollten an Bord aktiviert werden, sobald sich Angreifer dem Schiff nähern. Diese warnen die Besatzung und benachrichtigen mögliche Retter per Funk oder Satellit. In manchen Fällen schreckt der Alarm die Piraten bereits ab und verhindert einen Angriff (vgl. LRAD).

Generell wird vom Gebrauch von Waffen oder bewaffnetem Schutzpersonal zur Verteidigung oder Abwehr von Piraten dringend abgeraten, da dies nur zu einer Eskalation führen, die Piraten aber nicht abschrecken würde (vgl. IMO MSC/Circ. 1334 2009, S. 13). Immerhin wurden 2010 acht Besatzungsmitglieder getötet (vgl. IMB-PR 2011, S. 11). Das IMB warnt zudem, dass speziell die somalischen Piraten zum Äußersten bereit sind, um Schiffe zu entführen (vgl. ebd., S.23). Waffen stellen insbesondere eine Gefahr dar, wenn leicht brennbare oder gefährliche Waren an Bord sind. Neben dem sicherheitsrelevanten Aspekt bezüglich der Bereitstellung und Verwendung von Waffen an Bord, ist es zudem eine versicherungstechnische und rechtliche Frage, die immer auch finanzielle Konsequenzen haben könnte. Allein die Tatsache, dass sich Waffen an Bord befinden und dadurch Piraten oder Besatzungsmitglieder verletzt oder getötet oder das Schiff beschädigt werden könnte, wirkt sich aufgrund etwaiger Schadensersatzansprüche möglicherweise negativ auf die Bemessung der Versicherungsprämie aus (vgl. AGCS 2009, S. 17). Zudem kann das Mitführen von Waffen bei Erreichen von Hoheitsgewässern oder Häfen zu rechtlichen Problemen führen, wenn dadurch gegen Gesetze und Vorschriften des jeweiligen Landes verstoßen wird (vgl. IMO MSC/Circ. 1334 2009, S. 13).

Alle bisher beschriebenen Maßnahmen können von Reedereien ergriffen werden, um das direkte Risiko für Schiff und Besatzung zu vermindern und einen Piratenangriff abzuschwächen oder in einigen Fällen gar zu verhindern. Neben dieser „Eigeninitiative" der Reedereien zur Risikominderung bietet sich die Möglichkeit, die identifizierten Risiken z. B. auf Versicherungen abzuwälzen. Im nachfolgenden Abschnitt soll näher auf die Strategie der Risikoabwälzung eingegangen werden.

5.1.3 Risiko überwälzen

Die Eintrittswahrscheinlichkeit des Risikos Seepiraterie kann aufgrund der oben genannten Maßnahmen verglichen mit anderen die Seeschifffahrt bedrohenden Risiken (wie schwere Unwetter, Feuer an Bord oder durch Menschen verursachte Unfälle) weltweit gesehen als relativ gering eingeschätzt werden. Zudem konzentriert sich Piraterie auf bestimmte, wenngleich auch strategisch wichtige Regionen. Ist aber ein Angriff erfolgreich, ist das Schadensausmaß durch Beschädigungen an Schiff und transportierten Waren, Personenschäden oder Todesfällen, Lösegeldforderungen oder einfach der Ausfall- und Verzugszeiten oft immens. Kein Unternehmen kann und möchte dieses finanzielle Risiko komplett selbst tragen. Daher wird versucht, das Risiko und/oder dessen Folgen komplett oder teilweise auf Dritte überzuwälzen. Dritte können entweder Versicherungen sein oder die Kunden der Reedereien, die Ladungseigner. Auf beide Gruppen wird separat in der Studie eingegangen.

Risikoüberwälzung auf Versicherungen

Für den normalen Betrieb eines Seeschiffes kann und muss die Reederei grundsätzlich verschiedene Versicherungen abschließen. Zu den wichtigsten Versicherungen gehören:

- Seekaskoversicherung,
- Protection-und-Indemnity-Versicherung (P&I),
- Ertragsausfall-/Charterausfallversicherung (Loss of Hire).

Bei durch Piraterie verursachten Schäden greifen in erster Linie ebenfalls die genannten Versicherungen. Nachfolgend werden die Umfänge der Versicherungen allgemein beschrieben und inwieweit die durch Piraterie entstandenen Schäden jeweils abgedeckt sind. Anschließend wird auf einige Versicherungen eingegangen, die besonders im Zusammenhang mit Piraterie angeboten werden. Bei der Seekaskoversicherung wird an dieser Stelle wieder speziell auf die deutschen Versicherungsbedingungen eingegangen. Es werden in dieser Studie keine Angaben zu Prämienbeträgen gemacht. Diese basieren auf individuellen Verträgen und Deckungskonzepten und werden aus Geheimhaltungsgründen nicht an Dritte weitergegeben.

Versichert ein Reeder sein Schiff nach den Regeln der Allgemeinen Deutschen Seeversicherungsbedingungen (ADS), deckt diese Seekaskoversicherung in Verbindung mit den DTV-Kaskoklauseln alle während der Versicherungsdauer entstehenden (Teil-)Schäden am Schiff (sog. Allgefahrenprinzip). Zudem haftet der Versicherer bis zur Höhe des Versicherungswertes bei Totalverlust, Verschollenheit, Beschlagnahme, Einziehung oder zeitweilige Zurückhaltung durch staatliche Organe (sog. Verfügung von hoher Hand) oder Piraten.

Im Fall eines Piratenangriffs bieten die ADS dem Reeder hinsichtlich seines Schiffes ebenfalls einen umfassenden Versicherungsschutz. Paragraph 28 der ADS schließt Schäden durch „Seeraub, Plünderung oder andere Gewalttätigkeiten" explizit in den Versicherungsumfang ein. Das heißt, der Großteil der durch einen Piratenangriff entstehenden Schäden sowie ein Totalverlust des Schiffes werden nach den ADS vom Versicherer bis zum Versicherungswert übernommen (vgl. §§ 37, 70, 71). Als Totalverlust gilt nicht nur ein gesunkenes oder zerstörtes Schiff, sondern auch, wenn Piraten das Schiff entführen und anschließend als Basisschiff selbst nutzen oder es umstreichen, umbenennen und weiterverkaufen. In beiden Fällen wäre das Schiff der Reederei laut § 71Satz 2 „ohne Aussicht auf Wiedererlangung entzogen" und daher ein Totalverlust. Macht die Reederei allerdings bei Totalverlust die Versicherungssumme geltend, gehen die Rechte an dem Schiff bei Zahlung durch die Versicherung an diese über (vgl. § 71 Satz 3).

Wird ein Schiff durch Piraten über einen längeren Zeitraum festgehalten, kann der Reeder das Schiff laut §§ 72 und 73 der ADS als verschollen melden und die Auszahlung des Versicherungswertes verlangen. In diesem Fall beträgt die Verschollenheitsfrist zwei Monate gerechnet ab dem Tag, an dem der Reeder die letzte Nachricht vom Schiff erhalten hat (vgl. ADS § 72; DTV-Kaskoklauseln 31.1). Wie bei einem Totalverlust gehen auch hier gemäß § 72 Satz 3 ADS bei Zahlung die Rechte an dem Schiff an den Versicherer über.

Die Protection-und-Indemnity-Versicherung (P&I-Versicherung) ist die Haftpflichtversicherung der Reederei bzw. des Schiffseigners.

Sie deckt Schadensersatzansprüche von Dritten an die Reederei. Zudem deckt sie die Kosten für Schäden und Risiken, die durch den Schiffsbetrieb entstehen können (Wrackbeseitigung nach Unfällen, Gewässerverunreinigung, Ölverschmutzung etc.). Als Arbeiterunfallversicherung sind über die P&I-Versicherung auch Todesfall- und Verletzungsrisiken der Besatzung abgesichert. Sollte ein Besatzungsmitglied demnach bei einem Piratenangriff verletzt oder getötet werden, greift eben dieser Schutz über die Arbeiterunfallversicherung und übernimmt die Kosten, wenn die Reederei für Behandlungskosten, Hinterbliebenenversorgung oder Entschädigungszahlungen im Fall einer Entführung durch Piraten aufkommen muss (vgl. Münchener Rück 2006, S. 36). P&I-Versicherungen werden von sog. P&I-Clubs, Versicherungsvereinen auf Gegenseitigkeit, oder Spezialversicherern angeboten.

Die Ertragsausfall- oder Charterausfallversicherung (Loss of Hire-Versicherung) deckt den Erlös- oder Mietausfall, der entsteht, wenn ein Schiff aufgrund von Schäden, die die Kaskoversicherung trägt (z. B. Reparatur oder Unfall), nicht genutzt werden kann und damit „off hire" geht (vgl. AGCS 2009, S. 9). Entsteht ein Ertragsausfall aufgrund einer Schiffsentführung oder der Beschädigung durch Piraten und anschließend erforderlicher Reparatur, wird dieser nur von der Ertragsausfallversicherung gedeckt, wenn Piraterie explizit im Versicherungsumfang vereinbart wurde. In der Regel wird nach einer Selbstbeteiligung des Reeders (meist 14 Tage) eine Entschädigung in fest vereinbarten Tagessätzen bis zu einer festgelegten Höchstsumme geleistet (vgl. Münchener Rück 2006, S. 36).

Mit den genannten Versicherungen ist ein Reeder bei einem Piratenangriff wie oben beschrieben weitgehend gegen Schäden geschützt, die das Schiff, die Besatzung, Verpflichtungen gegenüber Dritten sowie Ertragsausfälle betreffen. Um etwaige Unklarheiten im Versicherungsschutz oder im Versicherungsumfang der genannten Versicherungen fehlende Risiken abzudecken, werden speziell für durch Piraterie verursachte Schäden folgende Versicherungen angeboten:

- Lösegeldversicherung (Kidnapping and Ransom),
- Kriegskaskoversicherung.

Im Rahmen von Auslandsaufenthalten in Krisen- oder Kriegsregionen, aber auch im Hinblick auf Schiffsentführungen durch Piraten, schließen immer mehr Unternehmen eine Lösegeldversicherung für ihre in Gefahrengebiete entsandten Mitarbeiter ab. Diese soll speziell die finanziellen Schäden abdecken, die durch Lösegeldforderungen entstehen. Hierzu zählt der Schadensersatz für gezahlte Lösegelder oder deren Bereitstellung sowie alle weiteren daraus resultierenden Kosten, z. B. die Bezahlung von Dolmetschern und Mittelsmännern für Lösegeldverhandlungen und -übergaben. Viele Versicherungen bieten zudem individuelle Beratungen der Versicherten hinsichtlich der Schadensverhütung und Prävention oder ein professionelles Krisenmanagement bei einer erfolgten Entführung (vgl. Allianz 2009) an. Zusätzliche Bausteine können ein Todesfall- oder Invaliditätsschutz sein oder die Vermittlung und Kostenübernahme von Rehabilitationsmaßnahmen für verletzte und traumatisierte Besatzungsmitglieder (vgl. Münchener Rück 2009, S. 22).

Ist ein Schiff nicht über die Kaskoversicherung nach den Allgemeinen Deutschen Seeversicherungsbedingungen versichert, kann es je nach Marktpraxis problematisch sein, mögliche Piraterieschäden über die Kaskoversicherung abzuwickeln. Speziell auf dem Londoner Versicherungsmarkt, dem ältesten und weltweit oft als richtungsweisend angesehenen Markt, wurde Piraterie im Laufe der Zeit bereits mehrmals aus den normalen Kaskoversicherungen ausgegliedert und der Kriegskaskoversicherung zugeordnet. Aufgrund der steigenden Zahl von Piratenangriffen in den letzten Jahren und der noch nicht eindeutigen Abgrenzung von Piraterie und Terrorismus kann nach einer Entscheidung des zuständigen Versicherungskomitees seit 2005 das Risiko Piraterie und dessen Folgen wieder aus dem Standardkaskoversicherungsumfang gestrichen werden, so dass es über eine gesonderte Kriegskaskoversicherung versichert werden muss (vgl. ebd., S. 20).

Risikoüberwälzung auf Kunden

Damit Reedereien das Risiko der Seepiraterie und dessen Folgen nicht allein tragen müssen, haben sie wie oben beschrieben die Möglichkeit, Aufwendungen für entstehende Schäden wenigstens teilweise an Versicherungen abzuwälzen. Eine weitere Möglichkeit ist, die Vertragspartner, in diesem Fall die Eigner der zu transportierenden Waren, anteilig in die Risiko- und Schadensverteilung mit einzubeziehen. Dies kann geschehen über:

- Zusatzgebühren,
- Große Haverei.

Entstehen einem Unternehmen durch externe Einflussfaktoren (wie steigende Treibstoffpreise) Mehrkosten, werden diese oft anteilig über den Preis des Produkts oder der Dienstleistung an die Kunden weitergegeben, so auch im Fall von Seepiraterie. Hier haben die Reedereien mit Zusatzkosten zu kämpfen, die aus steigenden Versicherungsprämien, Mehrkosten für Abwehrmaßnahmen wie Umbauten an Bord oder höhere Geschwindigkeiten resultieren. Die weltweit größte Containerschiffsreederei Maersk Line hat daher im Januar 2009 einen Risikopreisaufschlag pro transportiertem TEU bei Fahrten durch den Golf von Aden eingeführt und die Raten bereits zum 1. Juni 2009 erhöht (vgl. Maersk Line 2009).

Erfolgte ein Piratenangriff auf ein Schiff, können nach „Rettung aus der gemeinsam Gefahr" daraus entstandene Aufwendungen durch Schäden an Schiff und Ladung, aber auch Lösegeldzahlungen, bei Personenschäden Heilungs- oder Begräbniskosten über das Mittel der Großen Haverei auf alle beteiligten Parteien verteilt werden (vgl. HGB §§ 700, 706 Sätze 5 und 6). Die Große Haverei (im Titel des 7. Abschnitts HGB auch Große gemeinschaftliche Haverei genannt) basiert auf dem Prinzip der Gefahrengemeinschaft. Das heißt, dass Aufwendungen und Opfer zur Abwendung einer allen Beteiligten einer Seereise drohenden Gefahr auch von allen gemeinschaftlich und anteilig getragen werden müssen und nicht nur vom zufällig unmittelbar Betroffenen allein, hier der Reederei. Die von der Reederei zu zahlenden Anteilsbeiträge zur Großen Haverei (für Schiff und Besatzung) werden wiederum gemäß §§ 29 bis 32 ADS von der Seekaskoversicherung gedeckt.

Exkurs: Lösegeldzahlungen

Wenn keine separate Lösegeldversicherung (s. o.) abgeschlossen wurde, können Lösegeldforderungen und damit verbundene Aufwendungen für Reedereien zu einem finanziellen Desaster werden. Nach den Regeln der ADS gehören Lösegeldzahlungen nicht zum gedeckten Kaskoversicherungsumfang. Der Versicherer könnte den Ersatz dieser Zahlung laut ADS theoretisch verweigern. Um dies zu umgehen, kann sich die Reederei wie oben beschrieben die Versicherungssumme nach §§ 72 und 73 ADS auszahlen lassen, sobald das Schiff zwei Monate in Piratenhand ist und so als verschollen gilt. Das ausgezahlte Geld könnte dann für etwaige Lösegeldforderungen für Schiff und Besatzung verwendet werden. Nachteil dieser Lösung ist, dass die Reederei bei Auszahlung der Versicherungssumme alle Rechte am Schiff an den Versicherer abtreten muss (vgl. § 71 Satz 3 ADS). Eine günstigere Lösung wäre auch hier wieder das bereits vorgestellte Mittel der Großen Haverei. In § 706 Satz 6 HGB heißt es:

> *„Was zum Loskauf gegeben ist, bildet nebst den durch den Unterhalt und die Auslösung der Geiseln entstehenden Kosten die große Haverei."*

Somit können Lösegeldzahlungen auch gemeinschaftlich getragen werden. Wie erwähnt trägt der Versicherer nach § 29 ADS die Anteile der Reederei zur Großen Haverei.

5.1.4 Risiko selbst tragen

Wie in Kapitel 4 beschrieben, wird bei dieser Strategie das Risiko bewusst in Kauf genommen, ohne zu versuchen, es durch besondere Maßnahmen abzuwenden oder einzudämmen. Entstandene Schäden werden vom Unternehmen selbst getragen. Ein Grund dafür könnte die Gefahr sein, dass im Falle eines gemeldeten Überfalls die daraufhin potentiell steigenden Versicherungsprämien höher sind als der bei kleineren Angriffen entstandene Schaden.

Gerade für Reedereien, die ihre Schiffe durch die genannten Gefahrenregionen fahren lassen, wäre es für das Unternehmen gefährlich und gegenüber den Schiffsbesatzungen und auch Kunden unverantwortlich, das Risiko Seepiraterie komplett zu ignorieren. Ein Schiff muss in den Gefahrenregionen nicht zwangsläufig von Piraten angegriffen werden. Passiert es aber doch, ohne dass in irgendeiner Weise vorgebeugt wurde, sind die möglichen Schäden immens.

Das Führen eines Unternehmens ist letztlich immer mit dem Eingehen von Risiken verbunden. Es sollte aber immer abgewägt werden, welche Risiken inwieweit finanziell vom Unternehmen getragen und damit eingegangen werden können.

5.2 Risikostrategien für Ladungseigner

Für den Ladungseigner, ob Käufer oder Verkäufer, ist der Seetransport bei einem Außenhandelsgeschäft einerseits lediglich die Art und Weise, wie die ge- oder verkaufte Ware zum jeweiligen Vertragspartner gelangt. Andererseits birgt gerade dieser Abschnitt der Transaktion einige Risiken, die sich auf das Geschäft auswirken können. Auch wenn die Seeschifffahrt immer sicherer wird, so ist ein Schiff auf hoher See den Naturgewalten ausgesetzt und auch Angriffen durch Piraten. Neben Schiffsbeschädigungen und verunglückten Besatzungsmitgliedern kann natürlich die geladene Ware beschädigt werden oder verloren gehen. Wie Abb. 5.2 darstellt, kann auch ein Ladungseigner vier Strategien für den Umgang mit für ihn durch Seepiraterie hervorgerufenen Risiken anwenden. Diese Strategien werden auf den folgenden Seiten näher beschrieben.

5.2.1 Risiko vermeiden

Ein Risiko wird vermieden, indem das risikobehaftete Geschäft oder hier das Transportmittel komplett vermieden wird. Um sein Eigentum nicht dem Verlust oder der Beschädigung durch Piraten auszusetzen, kann der Ladungseigner z. B. für den Transport seiner fertigen Produkte oder Rohstoffe ein anderes Transportmittel wählen. Abhängig von der Beschaffenheit der zu transportierenden Waren, der zu überbrückenden Distanz und des verfügbaren Zeitrahmens können Transporte weltweit auch per LKW, Eisenbahn oder Flugzeug erfolgen. Allerdings stehen diesen Alternativen immer die zwei Hauptaspekte gegenüber, die den Seetransport verglichen mit den anderen Transportmöglichkeiten so attraktiv machen: Preis und Umweltfreundlichkeit. Mit keinem anderen Transportmittel können Waren tonnenweise so günstig und umweltfreundlich über weite Strecken von A nach B transportiert werden.

5.2.2 Risiko vermindern

Niemand möchte gern auf ein potentielles, gewinneinbringendes Geschäft verzichten, sein Unternehmen aber auch nicht durch das Eingehen eines Risikos gefährden. Somit wird ein Ladungseigner nach einer Möglichkeit suchen, das Risiko Seepiraterie zu vermindern. Um die unter 5.2.1 genannten Vorteile des Seetransports wenigstens teilweise zu nutzen, ohne das Eigentum dem Risiko Piraterie auszusetzen, können Ladungseigner ihre Waren über alternative Strecken transportieren lassen. Leider hat dies gegenüber den effizientesten, aber gefährlichen Routen aufgrund von meist weiteren Wegen auch höhere Transportkosten zur Folge (vgl. Kap. 5.1.1).

Zusätzliche Schadensminderung kann der Ladungseigner erzielen, wenn die zu transportierenden Waren, falls organisatorisch möglich, auf mehrere Schiffe verteilt würden. So wäre der mögliche Schaden durch Verlust oder Beschädigung bei einem Piratenangriff entsprechend geringer, da trotz steigender Angriffszahlen die Wahrscheinlichkeit relativ gering ist, dass jedes Schiff angegriffen wird, das die Waren dieses Ladungseigners transportiert.

5.2.3 Risiko überwälzen

Auch der Ladungseigner kann beim Transport der Waren das Risiko eines Verlustes durch einen Piratenangriff auf Dritte überwälzen. Hierzu bieten sich folgende Möglichkeiten:

- Risikoüberwälzung auf Versicherungen,
- Risikoüberwälzung auf alle am jeweiligen Transport beteiligten Parteien: Große Haverei,
- Risikoüberwälzung auf den Vertragspartner (Verkäufer-Käufer-Beziehung) durch Vertragsklauseln.

Bei einem Schiffstransport werden die zu transportieren Güter meist nicht durch die Reederei versichert, sondern durch den oder die einzelnen Ladungseigner selbst. Grundlagen für diese Güterversicherung speziell im Seetransport können die bereits vorgestellten ADS, die Besonderen Bestimmungen für die Güterversicherung (ADS Güterversicherung), die DTV-Güterversicherungsbedingungen und dazugehörigen Klauseln oder die sog. Institute Cargo Clauses der International Underwriting Association of London (IUA) sein. Auf Letztgenannte wird an dieser Stelle nicht näher eingegangen, da erneut gezielt die deutschen Versicherungsbedingungen vorgestellt werden sollen. Es soll dazu nur so viel gesagt sein, dass ein Unternehmen in Deutschland sich natürlich auch nach den Regeln der IUA versichern kann. In diesem Fall wäre Piraterie allerdings selbst aus der Allgefahrendeckung der Klausel A ausgeschlossen, die den höchsten Deckungsumfang bietet (vgl. Lloyd´s 2009).

Unternehmen können ihre Waren nach den ADS versichern. Laut § 28 ADS sind die transportierten Güter in der Allgefahrendeckung eingeschlossen. Somit sind die Waren auch automatisch im Fall eines Piratenangriffs mitversichert, da Seeraub und dadurch entstandene Verluste und Schäden an Gütern an genannter Stelle ausdrücklich zum Gefahrenumfang gezählt werden. Diese Allgefahrendeckung gilt auch gemäß der DTV-Güterversicherungsbedingungen (vgl. Satz 2.1), sofern Piraterie nicht als kriegerischer oder terroristischer Akt definiert wird, da diese vom Versicherungsschutz ausgeschlossen sind (vgl. Sätze 2.4.1.1 und 2.4.1.2. DTV-Güterversicherung). Sollte Piraterie dadurch ausgeschlossen sein, kann eine Zusatzdeckung über die DTV-Kriegs-, Streik- und Aufruhrklauseln vereinbart werden.

Verliert ein Ladungseigner im Rahmen eines Piratenangriffs seine Ladung, kann er den Verlust, wie die Reederei (vgl. Abschnitt 5.1.3), über die Große Haverei bei der Güterversicherung geltend machen. Ist die Große Haverei von allen Beteiligten erklärt, verweisen § 29 ADS und die Sätze 2.3.1.1 und 2.3.4 der DTV-Güterversicherungsbedingungen auf die Erstattungspflichten des Versicherers hinsichtlich der Beiträge des Ladungseigners zur Großen Haverei (vgl. § 29 ADS) sowie der Schäden, die dem Ladungseigner im Notfall durch Opferung der versicherten Güter entstanden sind (vgl. § 31 ADS).

Eine weitere Möglichkeit, das Risiko durch Seepiraterie und damit verbundene Kosten auf Dritte überzuwälzen, ist die Anwendung bestimmter Vertragsklauseln in Außenhandelsverträgen. Hierfür liefern die von der Internationalen Handelskammer (ICC) veröffentlichten Incoterms vereinheitlichte, aber individuell veränderbare Regelungen für die Vertragsgestaltung. Mit den Incoterms können die Bedingungen insbesondere hinsichtlich des Transportkosten- und Transportgefahrenübergangs zwischen Verkäufer und Käufer und deren jeweiligen Pflichten festgelegt werden, zum Beispiel wann und von welchem der beiden Vertragspartner eine Transportversicherung abzuschließen ist oder wer für den Transport aufkommt. Die insgesamt 11 Klauseln der am 01.01.2011 in Kraft getretenen Incoterms 2010 werden je nach Umfang der Verkäuferpflichten in vier Gruppen unterteilt:

- E-Klausel,
- F-Klauseln,
- C-Klauseln,
- D-Klauseln.

Nachfolgend werden aus diesen Gruppen einige Incoterms-Klauseln vorgestellt (vgl. ICC Deutschland 2011), die, abgesehen von der für alle Transportarten gültigen EXW-Klausel, ausschließlich den reinen Seetransport betreffen und den Kosten- und Gefahrenübergang exemplarisch aus Sicht des Verkäufers regeln. Mit Verwendung dieser Regelungen könnte der Verkäufer die Risiken der Seepiraterie, die ihn bei einem Außenhandelsgeschäft im Zusammenhang mit Seetransporten treffen könnten von vornherein ganz oder teilweise auf den Käufer überwälzen.

- EXW (ex works = ab Werk; gilt für alle Transportarten):

  Hier erfüllt der Verkäufer seine Verpflichtungen, sobald er die Ware auf seinem bzw. dem vertraglich vereinbarten Gelände zur Abholung durch den Käufer bereitstellt. Der Käufer muss die Verlade- und Transportkosten zum Bestimmungsort tragen sowie ab dem Verladen die mit dem Transport verbundenen Risiken und Gefahren.

- FAS (free alongside ship = frei Längsseite Schiff):

  Hier erfüllt der Verkäufer seine Verpflichtungen, wenn er die Ware in dem benannten Exporthafen bis an die Längsseite des vom Käufer benannten Schiffes geliefert hat. Ab diesem Zeitpunkt trägt der Käufer die weiteren Transportkosten und das Transportrisiko.

- FOB (free on board = frei an Bord):

  Hier erhöht sich der Pflichtenumfang des Verkäufers im Vergleich zur FAS-Klausel leicht. Die vertraglichen Pflichten (bzgl. Kosten und Risiko) des Verkäufers enden erst, sobald sich die Ware an Bord des im benannten Exporthafen liegenden Schiffs befindet. Ab diesem Zeitpunkt trägt der Käufer die weiteren Transportkosten sowie das Risiko für eine Beschädigung oder Verlust der Ware während des Transports.

- CFR (cost and freight = Kosten und Fracht):

  Hier trägt der Verkäufer die Transportkosten bis zum vertraglich vereinbarten Bestimmungshafen (Importland). Das Risiko für Transport sowie für Verlust oder Beschädigung der Ware geht allerdings bereits auf den Käufer über, sobald sich die Ware an Bord des Schiffes befindet (s. FOB, CIF).

- CIF (cost, insurance, freight = Kosten, Versicherung, Fracht):

  Hier trägt der Verkäufer die Transportkosten bis zum vertraglich vereinbarten Importhafen. Zusätzlich muss der Verkäufer auf seine Kosten zugunsten des Käufers eine Seetransportversicherung für den Transport bis dorthin abschließen. Das Transportrisiko wie Beschädigung oder Untergang der Ware geht jedoch in dem Zeitpunkt auf den Käufer über, sobald sich die Ware an Bord des Schiffes im Exporthafen befindet (s. FOB, CFR).

Um also das Risiko und die Kosten so gering wie möglich zu halten, wäre für den Verkäufer der Abschluss eines Verkaufsvertrags auf Basis der Klauseln EXW, FAS und FOB am günstigsten. Auf diese Weise enden das Risiko und die Zahlungspflicht für die Transportkosten für den Verkäufer je nach Klausel spätestens dann, wenn sich die Ware an Bord des Schiffes im Exporthafen befindet.

Ein Ladungseigner, ob in der Rolle des Verkäufers oder Käufers, hat wie beschrieben verschiedene Möglichkeiten, sein geschäftliches Risiko im Rahmen der Absicherung gegen die Folgen der Seepiraterie auf Dritte abzuwälzen. In welchem Umfang dies möglich ist, hängt unter anderem von der gewählten Versicherung ab oder von der Vertragsgestaltung mit dem jeweiligen Partner. Kann ein Ladungseigner aus vertraglichen oder versicherungstechnischen Gründen mögliche Risiken und damit verbundene Kosten nicht auf Dritte übertragen, muss er, wie der nachfolgende Abschnitt beschreibt, das Risiko selbst tragen.

5.2.4 Risiko selbst tragen

Anders als bei Reedereien, deren Geschäftsgrundlage in Form der Schiffe und Besatzungen bei einem Piratenangriff direkt bedroht ist, geht es bei Ladungseignern manchmal „nur" um einzelne Wareneinheiten, auch wenn diesen Waren ein bestimmter Geldwert gegenüber steht. Wie bereits mehrfach angesprochen ist das Risiko Seepiraterie allgemein betrachtet relativ gering. Ist dann dieser Geldwert oder die betroffene Warenmenge auch noch entsprechend gering, kann es möglich sein, dass das Ergreifen einer Abwehrmaßnahme oder die Überwälzung auf Dritte, die meistens ebenfalls mit Kosten verbunden sind (z. B. in Form von zusätzlichen Versicherungsprämien), den finanziellen Verlust der Ware übersteigt und sich eine der oben genannten Maßnahmen finanziell nicht rechnet. In diesem Fall ist es wahrscheinlich, dass das Risiko akzeptiert wird und im Ernstfall die entstehenden Kosten vom Ladungseigner selbst bezahlt werden müssen (vgl. Balszuhn 2009).

Hierbei ist zu beachten, dass Ladungseignern, die das Risiko selbst tragen wollen, d. h. ohne eigene Warentransportversicherung sind, bei einer im Notfall erklärten Großen Haverei auch dann erhebliche finanzielle Schäden erleiden, wenn die transportierte Ladung nur einen vergleichsweise geringen Wert hat. Denn die wie in Abschnitt 5.2.3 beschrieben haften die Reederei und die Ladungseigentümer gesamtschuldnerisch für die entstandenen Schäden an Schiff und Waren sowie für etwaige Bergungs- und Rettungskosten. Der Verzicht auf eine Risikoabsicherung z. B. durch eine Versicherung kann daher riskant sein und im Schadensfall existenzbedrohend werden.

5.3 Risikostrategien für Versicherer

Je komplexer die Welt wird, desto mehr und größer werden die Risiken und im Schadensfall die damit verbundenen Kosten und Verluste. Ist ein Risiko identifiziert, können Maßnahmen ergriffen werden, dieses ganz oder teilweise abzuwenden. Falls die komplette Beseitigung des Risikos unmöglich ist, kann sich die vom Risiko bedrohte Person oder das Unternehmen mittels einer Versicherung gegen das Risiko absichern und es so auf die Versicherung abwälzen. Sowohl Reedereien als auch Ladungseigner greifen wie in den vorangegangenen Abschnitten beschrieben auf Versicherungen zurück, um ihr eigenes Risiko zu minimieren. Somit ist die Gruppe der Versicherer wie in Kapitel 1 dieser Studie erwähnt ebenfalls vom Risiko Seepiraterie betroffen. Auch die Versicherer haben die Möglichkeit, sich ihrerseits anhand der bereits mehrfach vorgestellten vier Risikostrategien mit dem Risiko auseinanderzusetzen. Die nachfolgenden Abschnitte erläutern das in Abb. 5.1 dargestellte Modell nun aus Sicht der Versicherer.

5.3.1 Risiko vermeiden

Die Strategie „Risiko vermeiden" ist dadurch gekennzeichnet, dass das Eintreten eines Risikos z. B. durch einen Ausstieg aus einem gefährlichen Geschäft komplett umgangen wird (s. Abschnitt 4.2). Auch für Versicherungen wäre dieses Prinzip denkbar, aber wohl nur bei sehr großen Risiken wahrscheinlich. Denn Risikomanagement und Risikoübernahme bilden die Grundidee des Versicherungsgeschäfts. Risiken sind meist dann versicherbar, wenn Versicherer über eine durch „zahlreiche, gleichartig bedrohte Wirtschaftseinheiten oder Personen" (Brockhaus 2002a, S. 441) zu zahlende Prämie zur Absicherung eines kollektiven Risikos erhalten können, die dem zu erwartenden Schaden gegenübersteht. Neuartige Versicherungen wie die Lösegeldversicherung unterstreichen dies. Demnach würde eine Versicherung ein Risiko wohl nur vermeiden, wenn das finanzielle Ausmaß des Risikos auch durch die Prämien vieler Versicherungsnehmer gemäß dem Prinzip des „Risikoausgleichs im Kollektiv" (Gabler 1997, S. 4126) nicht zu tragen wäre.

5.3.2 Risiko vermindern

Versicherungen werden mit einem stetig wachsenden Bedarf an Absicherung und größeren Risiken konfrontiert. Um das mit Seepiraterie verbundene Risiko und mitunter sehr hohe von den Versicherern auszuzahlende Geldbeträge zu vermindern, ergreifen die Versicherer verschiedene Maßnahmen:

- Prävention,
- Einsatz für Verbesserungen der rechtlichen Rahmenbedingungen,
- (Rück-)Verfolgung von Piraten und geraubten Waren und Schiffen.

Viele Versicherer nutzen die Prävention als Mittel, potentielle Schadensersatzforderungen zu vermindern. Die Präventionsmaßnahmen setzen direkt bei den Versicherungsnehmern an, indem Versicherungen im Rahmen ihrer Leistungen eine individuelle Risikoberatung sowie geeignete Schadensverhütungsmaßnahmen für ihre Versicherten anbieten, so z. B. wie in Abschnitt 5.1.3 beschrieben bei Lösegeldversicherungen (vgl. Allianz 2009).

Üblicherweise beginnt die Arbeit der Versicherungen nach Eintreten eines Ernstfalls, dem Piratenangriff, und gehört meist zu den „Aufräumarbeiten". Erschwert wird diese Arbeit durch die unzureichenden rechtlichen Rahmenbedingungen besonders in den von Piraterie betroffenen Ländern hinsichtlich der Anerkennung der Piraterie als Straftat und der dadurch möglichen Strafverfolgung. Oft passiert es, dass viele Unklarheiten Rechtslücken entstehen lassen und die Piraten dadurch ungestraft davonkommen. Daher ist einerseits die erwähnte Prävention sehr wichtig, aber auch das öffentliche Bewusstmachen der Bedrohung Piraterie auf internationaler politischer Ebene. Die Münchener Rückversicherungsgesellschaft zum Beispiel engagiert sich für dieses Ziel und arbeitet mit zahlreichen Organisationen und Institutionen zusammen. Sie fördert verschiedene „Initiativen zur Bekämpfung der weltweiten Piraterie" (Münchener Rück 2009, S. 12ff.), um langfristig entsprechende gesetzliche Regelungen durchzusetzen. Die Schaffung international und national geltender rechtlicher Regelungen ist die Basis für die strafrechtliche Verfolgung der Piraten sowie für die Geltendmachung von Regressansprüchen. Viele Versicherer versuchen deshalb, die Piraten und gegebenenfalls deren Beute aufzuspüren und wenn möglich Schadensersatz einzuklagen, um die Kosten der Versicherungszahlungen an die Versicherten zu vermindern. Unterstützt werden Versicherer dabei vom IMB, das ebenfalls von Piraten gekaperte Schiffe ausfindig macht und gestohlene Ladung zurückholt (vgl. IMB-PR 2011, S. 2).

5.3.3 Risiko überwälzen

Im Versicherungsgeschäft gehören das anteilige Überwälzen von Risiken bzw. deren Kosten und die Risikoübernahmen zusammen. Es wird meist auf folgende Gruppen abgewälzt:

- Versicherungsnehmer,
- Rückversicherer.

Die Risikoübernahme ist die Kernaufgabe einer Versicherung. Allerdings kann sie diese auch nur erfüllen, wenn zuvor die finanziellen Mittel von den Versicherten bereitgestellt wurden. Das in Abschnitt

5.3.1 erwähnte Prinzip des „Risikoausgleichs im Kollektiv" funktioniert folgendermaßen: Viele Versicherungsnehmer zahlen eine festgesetzte Versicherungsprämie an einen Versicherer, um beim Eintreten des Versicherungsfalles von diesem einen Schadensausgleich zu erhalten. Im Ernstfall greift ein Versicherer also auf ein von den Versicherten gemeinsam angesammeltes Finanzpolster zurück. Das heißt der Versicherer wälzt die Erbringung des im Versicherungsfall an einzelne Versicherte zu zahlenden Schadensersatzes über entsprechend kalkulierte Prämien an alle Versicherten ab. Dies umso mehr, wenn das abzusichernde Risiko und dessen Folgeschäden steigen. Nehmen die Piratenangriffe und daraus resultierende Schadensmeldungen und -mengen zu, entsteht bei Versicherern ein erhöhter Bedarf an Finanzmitteln, um weiterhin ihre Funktion erfüllen zu können. Anhand neuer Risikoeinstufungen wälzen die Versicherer diesen Bedarf über höhere Prämien oder neue Deckungskonzepte an Versicherte, wie die deutschen Reedereien, ab (vgl. PWC 2010, S. 17ff.; Münchener Rück 2006, S. 34).

Eine weitere Möglichkeit für (Erst-)Versicherer, ihr Risiko auf andere Parteien überzuwälzen, sind Rückversicherer. Ein Rückversicherer entlastet einen Erstversicherer, indem der Erstversicherer gegen Zahlung eines Rückversicherungsbeitrags das Risiko für Versicherungsverträge ganz oder teilweise auf einen Rückversicherer abwälzt (vgl. Brockhaus 2002b, S. 67). Besonders bei der Versicherung von Seeschiffen werden aufgrund der damit verbundenen hohen Risiken und Geldbeträge die Risiken auf mehrere Versicherer und Rückversicherer verteilt, wobei jeder Versicherer bestimmte Anteile des Schiffs bzw. der Gefahren deckt (vgl. AGCS 2009, S. 9).

5.3.4 Risiko selbst tragen

Laut RMA-Standard „[können] Risiken bewusst vom Unternehmen selber übernommen werden, weil sich das Unternehmen selbst für den besten Riskowner hält" (RMA 2006, S. 19). Das Unternehmen ist hier das Versicherungsunternehmen und wie bereits mehrfach erwähnt ist die Risikoübernahme der Hauptzweck einer Versicherung. Ein Versicherer kann die übernommenen Risiken tragen, solange die von allen Versicherten erhobenen Prämien das Prinzip des kollektiven Risikoausgleichs mit einem akzeptablen unternehmerischen Risiko ermöglichen. Sollte dies aufgrund einer Vergrößerung des Risikos nicht mehr möglich sein, sollte eine der zuvor genannten Strategien angewandt werden.

6 Zusammenfassung und Ausblick

Globalisierung und der weltumspannende Handel stützen sich maßgeblich auf den internationalen Seeverkehr. Nur mithilfe der Seeschifffahrt können die enormen Warenmengen schnell und effizient um den ganzen Globus vom Verkäufer zum Käufer transportiert werden.

Seit den Anfängen des Seehandels haben Seefahrer und Handeltreibende nicht nur mit den Risiken der Naturgewalten auf See zu kämpfen, sondern auch mit Piraten und den damit verbundenen Gefahren. Piraterie ist an vielen für die Seeschifffahrt strategischen Regionen der Erde anzutreffen. In den vergangenen Jahren hat die Zahl von Piratenangriffen entlang der wichtigsten Seehandelsrouten stetig zugenommen. Die Vorgehensweise der Piraten hat sich nicht sehr verändert, aber sie verwenden heute modernste Waffen und Speed-Boote. Und die Geldbeträge, die Piraten heutzutage bei einem erfolgreichen Überfall erzielen, sind aufgrund des Wertes der Schiffe, Warenmengen und etwaiger Lösegeldzahlungen sehr viel größer und erreichen oft millionenhohe Dollarbeträge.

Jedes weltweit handeltreibende Unternehmen kann von den Risiken der Seepiraterie betroffen sein. Piraterie bedroht letztlich direkt die Sicherheit und Sicherung der Supply Chain eines jeden Unternehmens. Daher sollten besonders die direkt betroffenen Unternehmen dieses Risiko in ihrem Risikomanagement berücksichtigen. Hierzu zählen Reedereien, die jeweiligen Ladungseigner, die ihre Waren per Schiff transportieren sowie die Versicherungen, die für die ersten zwei Gruppen im Schadensfall Ersatzzahlungen leisten muss. Nach der Identifizierung und Analyse potentieller Risiken stehen Unternehmen generell vier Strategien zum Umgang mit den Risiken zur Auswahl.

Risiken können:

- vermieden,
- vermindert,
- auf Dritte abgewälzt und/oder
- selbst getragen werden.

Je nach Unternehmen und dessen Geschäftsaktivitäten können im Rahmen dieser Strategien zahlreiche Maßnahmen zur Prävention und Abwehr von Piratenangriffen ergriffen werden. Exemplarisch für Reedereien reichen diese z. B. von der kompletten Aufgabe von besonders gefährlichen Strecken und technischen Umbauten an Bord der Schiffe über organisatorische Maßnahmen wie Gruppenfahrten oder Registrierung bei verschiedenen Institutionen bis hin zum Abschließen entsprechender Versicherungen.

Andere Aspekte eines Risikos wiederum können oder müssen vom jeweiligen Unternehmen akzeptiert und von ihm selbst (finanziell) getragen werden. Gründe hierfür können z. B. sein, dass die Kosten für Abwehrmaßnahmen nicht an den Kunden weitergegeben werden können oder dass der Umgang mit dem Risiko oder das Risiko selbst wie bei Versicherungen der Geschäftszweck des Unternehmens ist.

Risiken können selten komplett ausgeschlossen werden und auch wenn zahlreiche Gegenmaßnahmen und Absicherungen ergriffen werden, bleibt bei allen Aktivitäten eines Unternehmens immer ein gewisses Restrisiko, dessen Ausmaß und mögliche Konsequenzen niemand bis ins letzte Detail einschätzen oder vorhersagen kann.

Die in Kapitel 5 dieser Studie vorgestellten Maßnahmen und Strategien gegen das Risiko Seepiraterie mildern lediglich die Auswirkungen einer Problematik, die ihre Ursache wiederum bei einer ebenso schwierigen Ausgangssituation hat. Piraterie tritt insbesondere entlang der Küstenlinien politisch instabiler oder zerbrochener Staaten auf oder in Gebieten, in denen ein umfassender Schutz aufgrund der geographischen Gegebenheiten, mangelnder rechtlicher und politischer Rahmenbedingungen fehlt (vgl. Petrovic 2009, S. 3ff.). Genau dies ist der Fall bei den somalischen Piraten. Seit der Unabhängigkeit Somalias von italienischer und britischer Kolonialherrschaft im Jahr 1960 herrschen Krieg und Chaos. Militärputsche und Übergangsregierungen lösten sich nacheinander ab, und es gibt bis heute keine stabile Regierung im Land (vgl. Weber 2009, S. 55f.). Die fehlende Regierung, ständige Konflikte zwischen den Clanführern und dadurch verursachte Armut und Hunger treiben die Einheimischen dazu, ihren Lebensunterhalt als Piraten zu verdienen.

Mittlerweile ist Piraterie zu einem einträglichen und gut organisierten Wirtschaftszweig geworden (vgl. Abschnitt 3.2). Das Lösegeldgeschäft bringt Millionen ein und ermöglicht in einem Land, in dem bittere Armut herrscht, ein Leben in „Wohlstand".

Wie Abb. 3.2 zeigt, sind von deutschen Reedereien betriebene Schiffe verhältnismäßig häufig von Entführung und Geiselnahme betroffen. Natürlich werden geforderte Lösegelder bezahlt. Jeder hofft, dass auch gezahlt wird, wenn er selbst einmal betroffen sein sollte. Diese nachvollziehbare Zahlungsbereitschaft heizt den Lösegeld-Teufelskreis immer wieder an. So wird Piraterie zu einer sicheren Einnahmequelle.

Selbst mit dem Entsenden von Kriegsschiffen zur Abschreckung und Überwachung lässt sich das Problem Seepiraterie nicht beseitigen. Zwar dürfen Marineeinheiten im Rahmen der europäischen Operation Atalanta bei „hinreichendem Verdacht" (Uhl 2009, S. 58) Piratenschiffe betreten, die Piraten verhaften und das Schiff beschlagnahmen; an der Problematik ändert sich letztlich nichts. Oft müssen die Piraten wieder frei gelassen werden, denn aufgrund fehlender

Abkommen zwischen der EU und den von Piraterie betroffenen Anrainerstaaten bzw. mangelnder nationaler Gerichtsbarkeit der jeweiligen Länder, die generell für die Strafverfolgung von Piraten zuständig wären, besteht häufig keine Befugnis, die Piraten dauerhaft festzuhalten und zu verurteilen (vgl. ebd., S. 59f.; Kapitel 3).

Kommt es doch zu einer Verhaftung und sogar zu einer rechtskräftigen Verurteilung von Piraten, ist dies aufgrund der Situation in ihrem Heimatland für viele fast ein Glücksfall. Wie auf „stern online" (vgl. stern online 2009) berichtet wurde, ist eine Gefängnisstrafe für viele meist besser als das freie Leben in Somalia.

Ziel zukünftiger Bemühungen sollte demnach einerseits der Wiederaufbau des somalischen Staates und die Bekämpfung der Armut sein. So kann langfristig die Ursache der Seepiraterie am Horn von Afrika bekämpft werden. Andererseits ist die Schaffung einer rechtlichen Basis unter Beteiligung aller Anrainerstaaten für die Bekämpfung der Piraterie wichtig. Den ersten Schritt bildete die Unterzeichnung des „Anti-Piracy Code of Conduct" bei einem Treffen der Anrainerstaaten in Djibouti, der am 29.01.2009 in Kraft getreten ist. Laut dieser Vereinbarung erklären sich die Unterzeichner bereit, darunter auch die Übergangsregierung von Somalia, im Kampf gegen die Piraterie zu kooperieren, die nationalen Gesetze hinsichtlich der Strafverfolgung von Piraterie zu überprüfen und neue Richtlinien einzuführen (vgl. IMO News 2009, S. 7).

Quellenverzeichnis

ADS. Allgemeine Deutsche Seeversicherungsbedingungen. In der Fassung von 1919.

ADS Güterversicherung. GS Assekuranz GmbH & Co. KG (2009): Allgemeine Deutsche Seeversicherungsbedingungen. Besondere Bestimmungen für die Güterversicherung. In der Fassung von 1973, zuletzt geändert 1984. URL: www.assurance-ger.de/ ADS_See.htm (Zugriff und Download am 10.10.2009).

AktG. Bundesministerium der Justiz. Gesetze im Internet (2009): Aktiengesetz. In der Fassung vom 6. September 1965 (BGBl. I S. 1089). Zuletzt geändert Art. 1 G v. 31.7.2009 (BGBl. I S. 2509). URL: http://www.gesetze-im-internet.de/aktg/ BJNR01 0890965.html (Zugriff am 15.08.2009).

AGCS. Allianz Global Corporate & Specialty: Piracy. An ancient risk with modern faces. Studie, München: (2009). URL: http://www.agcs.allianz.com/en/media/company_updates/up date_article/news19.html (Zugriff and Download am 20.09.2009).

Allianz. Allianz Deutschland AG: Allianz Lösegeldversicherung (2009). URL: https://makler.allianz.de/sach/firmen/spezial/loesegel d/steckbrief_loesegeld/index.html (Zugriff am 06.10.2009).

Arlt, Kapitän Wolfhard H., Telefoninterview geführt von Katy Kohrs am 16.10.2009: Fragen zur persönlichen Einschätzung des Risikos Seepiraterie und dessen weitere Entwicklungen. Geschäftsführer HPTI, Hamburg Port Training Institute GmbH, Hamburg.

Balzuhn, Stefan, Telefoninterview geführt von Katy Kohrs am 21.07.2009: Informationen zur Versicherung von CKD-Umfängen bzgl. Piraterie. Gesamtkoordination CKD Logistik China, Audi AG, Ingolstadt.

Brockhaus Enzyklopädie in 15 Bänden: Bd. 14. TAN-VIR. 2., durchgesehene und aktualisierte Auflage. Leipzig, Mannheim: Brockhaus Verlag, 2002a

Brockhaus Enzyklopädie in 15 Bänden: Bd. 12. ROH-SER. 2., durchgesehene und aktualisierte Auflage. Leipzig, Mannheim: Brockhaus Verlag, 2002b.

Bundeswehr. Aktuelle Einsätze/Anti-Piraterie-Einsatz (2010): Fragen und Antworten zur Operation Atalanta.
URL: http://www.bundeswehr.de/portal/a/bwde/kcxml/04_Sj9SPyk ssy0xPLMnMz0vM0Y_QjzKLd443sjCyBMmB2MYBIfqRcMGglFR9b31fj _zcVP0A_YLciHJHR0VFABqXlsg!/delta/base64xml/L3dJdyEvd0ZNQU FzQUMvNElVRS82X0NfMjgyOQ!! (Zugriff am 16.01.2011).

CTS. Container Trades Statistics Ltd. (2011): Trade Data – Trade Volumes and Price Indices. Container Trades Statistics. URL: http://www.containerstatistics.com/trade/total_trade_routes (Zugriff am 15.02.2011).

DCGK. Regierungskommission Deutscher Corporate Governance Kodex (2009): Deutscher Corporate Governance Kodex. In der Fassung vom 18. Juni 2009. URL: http://www.corporate-governance-code.de/ (Zugriff und Download am 31.08.2009).

DTV-Güterversicherung. TIS Transport-Informationsservice. Fachinformationen der deutschen Transportversicherer. Gesamtverband der Deutschen Versicherungswirtschaft e.V. (2009): DTV-Güterversicherungsbedingungen von 2000. In der Fassung von 2008. URL: http://www.tis-gdv.de/tis/bedingungen/avb/ware/ware.html (Zugriff und Download am 10.10.2009).

DTV-Kaskoklauseln. TIS Transport-Informationsservice. Fachinformationen der deutschen Transportversicherer. Gesamtverband der Deutschen Versicherungswirtschaft e.V. (2009): DTV-Kaskoklauseln von 1978. In der Fassung von 2004. URL: www.tis-gdv.de/tis/bedingungen/avb/see/sk_0401_dtv_kaskoklauseln.pdf

DVZ. DVZ.de. Informationen aus Logistik und Transport: Lösegeld macht Piraterie zum Wirtschaftsfaktor (08. 08 2009). URL: http://www.dvz.de/nc/content/news/international/einzelseite/datum/2009/08/08/uid9207-loesegeldmacht- (Zugriff am 30.08.2009).

F.A.Z. F.A.Z.-NET Bildergalerien (2009): F.A.Z.-Karte sie./lev. Atalanta-Mission: Einsatzgebiet der deutschen Marine. URL: http://www.faz.net/s/RubDDBDABB9457A437BAA85A49C26FB23A0/Doc~E52D4077EA30D43B7BD6495538BA9FB05~ATpl~Ecommon~SMed.html (Zugriff und Download am 15.08.2009).

Friederichs, Hauke: Piraterie vor Somalia. Reeder fordern Ausweitung des Anti-Piraten-Einsatzes. ZEIT online (25. 04 2009). URL: http://www.zeit.de/online/2009/18/piraten-tagung (Zugriff am 20.09.2009).

Gabler. Gabler Wirtschafts-Lexikon in 10 Bänden: Bd. 9. T-VE. 14., vollständig überarbeitete und erweiterte Auflage. Wiesbaden: Betriebswirtschaftlicher Verlag Dr. Th. Gabler GmbH, 1997.

GmbHG. Bundesministerium der Justiz. Gesetze im Internet (2009): Gesetz betreffend die Gesellschaften mit beschränkter Haftung. In der im Bundesgesetzblatt Teil III, Gliederungsnummer 4123-1, veröffentlichten bereinigten Fassung. Zuletzt geändert durch Art. 5 G v. 31.7.2009 I (BGBl. I S. 2509). URL: http://www.gesetze-im-internet.de/gmbhg/index.html (Zugriff am 15.08.2009).

HGB. Bundesministerium der Justiz. Gesetze im Internet (2009): Handelsgesetzbuch. Gesamtausgabe in der veröffentlichten bereinigten Fassung vom 31.07.2009. URL: http://www.gesetze-im-internet.de/hgb/ (Zugriff am 03.10.2009).

ICC Deutschland. ICC Deutschland e. V. (2011): ICC Incoterms-Regeln. URL: http://www.icc-deutschland.de/index.php?id=46 (Zugriff am 15.01.2011).

ICC-IMB. ICC Commercial Crime Services (2009): Courses and Trainings.
URL: http://www.icc-ccs.org/index.php?option=com_eventlist&view=eventlist&Itemid=18 (Zugriff und Download am 28.09.2009).

IMB-BMP. ICC Commercial Crime Services (Hrsg.): Best Management Practices to Deter Piracy in the Gulf of Aden and off the Coast of Somalia. Version 2, August 2009. URL: http://www.icc-ccs.org.uk/images/stories/pdfs/bmp%2021-8-2009.pdf (Zugriff und Download am 28.09.2009).

IMB-PR. ICC International Maritime Bureau (Hrsg.): Piracy and Armed Robbery Against Ships. Annual Piracy Report. 01 January–31 December 2010. London, United Kingdom: ICC International Maritime Bureau, Januar 2011.

IMB-PR. ICC International Maritime Bureau (Hrsg.): Piracy and Armed Robbery Against Ships. Report for the Period: 01 January–30 September (Q3) 2009. London, United Kingdom: ICC International Maritime Bureau, 2009.

IMB-PRC. ICC Commercial Crime Services. IMB Piracy Reporting Centre (2011): Live Piracy Map 2010. URL: http://www.icc-ccs.org/home/piracy-reporting-centre/imb-live-piracy-map-2010/piracy-map-2010 (Zugriff und Download am 25.01.2011).

IMO MSC/Circ. 1334. International Maritime Organization (Hrsg.): Maritime Safety Committee Circ. 1334 (23.06.2009). Piracy and armed robbery against ships. Guidance to shipowners and ship operators, shipmasters and crews on preventing and suppressing acts of piracy and armed robbery against ships. URL: http://www.imo.org/circulars
(Zugriff und Download am 24.07.2009).

IMO News. Autor unbekannt: IMO chief makes direct appeal to Security Council for Somalia piracy action. In: IMO News. The Magazine of the International Maritime Organisation, Ausgabe 4, 2008: S. 8.

IMO News. Autor unbekannt: Djibouti meeting adopts anti-piracy Code of Conduct. In: IMO News. The Magazine of the International Maritime Organisation, Ausgabe 1, 2009: S. 7.

IMO SN Circ. 281. International Maritime Organization (Hrsg.): Safety of Navigation Circ. 281 (03.08.2009). Safe, secure and efficient shipping on clean oceans. URL: http://www.imo.org/includes/blastDataOnly.asp/data_id%3D26251/281.pdf (Zugriff und Download am 28.09.2009).

Lange, Ralf, Interview geführt von Katy Kohrs am 26.10.2009: Informationen zu Produkten und Preisen: Long Range Acoustic Devices. Vertrieb, Jabsco GmbH, Norderstedt.

Leach, Peter T.: Maersk tightens anti-piracy measures. The Journal of Commerce Online (29.04.2009). URL: http://www.joc.com/node/411073 (Zugriff am 25.08.2009).

Lencer (2007): Weltweite von Piraterie betroffene Gebiete und Häfen. URL: http://upload.wikimedia.org/wikipedia/commons/9/9e/Weltweite_Piraterie.png
(Zugriff und Download am 31.08.2009).

Lloyd´s. Lloyd´s Market Association. Marine. Cargo Clauses (2009): Institute Cargo Clauses (A), in der Fassung vom 01.01.2009.
URL: http://www.lmalloyds.com/AM/Template.cfm?Section=Cargo_Clauses&Template=/TaggedPage/TaggedPageDisplay.cfm&TPLID=3&ContentID=3877 (Zugriff und Download am 08.10.2009).

LRAD Corporation. LRAD Downloads Library: LRAD 1000X Data Sheet, in der Fassung vom 09.08.2010. URL: http://www.lradx.com/pdf/LRAD_1000X_Datasheet.pdf (Zugriff und Download am 30.11.2010).

Maersk Line. A. P. Moller – Maersk Group: Weekly Highlights: Services and News (19.05.2009). URL: http://gsms.apmoller.net/marketing_enu/start.swe?SWECmd=GetFile&SWEC=538&. (Zugriff und Download am 03.08.2009).

Marisec. Maritime International Secretariat Services Limited (2011): Shipping and World Trade. The low cost of transporting goods by sea. URL: http://www.marisec.org/shippingfacts/world trade/ the-low-cost-of- transporting-goods-by-sea.php (Zugriff am 29.01.2011).

MSCHOA. Maritime Security Centre – Horn of Africa. EU-NAVFOR Somalia (2009): About The Maritime Security Centre – Horn of Africa. URL: http://www.mschoa.org/About.aspx (Zugriff am 20.09.2009).

Münchener Rück. Münchener Rückversicherungsgesellschaft (Hrsg.): Piraterie – Die Bedrohung auf See erreicht eine neue Dimension. Publikation der Edition Wissen. Munich Re Marine, 2009. URL: http://www.munichre.com/de/publications/default.aspx (Zugriff und Download am 29.09.2009).

Münchener Rück. Münchener Rückversicherungsgesellschaft (Hrsg.): Piraterie – Bedrohung auf See. Eine Risikoanalyse. Publikation der Edition Wissen. Munich Re Marine, 2006. URL: http://www.munichre.com/de/publications/default.aspx (Zugriff und Download am 29.09.2009).

NIMA. National Imagery and Mapping Agency (Hrsg.): Distances between Ports. Eleventh Edition. Bethesda, Maryland: The United States Government, 2001.

Petrovic, David: Gefährliche Gewässer. Piraterie vor der Küste Somalias. In: IMS Internationales Magazin für Sicherheit, Sonderausgabe 2009, S. 3-5.

Proske, Dirk: Catalogue of Risks - Natural, Technical, Social and Health Risks. Berlin, Heidelberg: Springer Verlag, 2008.

PWC. PricewaterhouseCoopers AG Wirtschaftsprüfungsgesellschaft (Hrsg.): Deutsche Schifffahrt: Kurs aus der Krise Befragung von 101 Entscheidern in deutschen Hochseereedereien. Hamburg, Juli 2010.

Risknet. RiskNET. The Risk Management Network (2009): Grundlagen Risikomanagement. URL: http://www.risknet.de/Risiko management.121.0.html (Zugriff am 02.09.2009).

RMA. Risk Management Association e.V: RMA-Standard Risiko- und Chancenmanagement. Bonn, 2006.

Romeike, Frank: Risiko-Management als Grundlage einer wertorientierten Unternehmenssteuerung. In RATINGaktuell, Juli/August 2002, Heft 2: S. 12-17.

Schneck, Prof. Dr. Ottmar (Hrsg.): Beck Wirtschaftsberater: Lexikon der Betriebswirtschaft. 6. überarbeitete und erweiterte Auflage. München: Deutscher Taschenbuch Verlag, 2005.

Spiegel Online. Autor unbekannt: Gestörter Welthandel. Reedereien meiden Suezkanal aus Angst vor Piraten (21.11.2008). URL: http://www.spiegel.de/wirtschaft/0,1518,druck-591896,00. html (Zugriff am 20.09.2009).

SRÜ. Bundesamt für Schiffahrt und Hydrographie (2009): Seerechtsübereinkommen der Vereinten Nationen. In der Fassung vom 10.12.1982. In Kraft seit 16. November 1994, BGBl. 1994 II S. 1798. URL: www.bsh.de/de/Meeresnutzung/Wirtschaft/Windparks/ SrUe.pdf (Zugriff und Download am 15.08.2009).

Statistisches Bundesamt. Statistisches Bundesamt Deutschland. Destatis (2011): Pressemitteilung Nr.403 vom 08.11.2010. Deutsche Ausfuhren im September 2010: + 22,5% zum September 2009.
URL: http://www.destatis.de/jetspeed/portal/_ns:YWI3bXMtY29udGVudDo6Q29udGVudFBvcnRsZXQ6OjF8ZDF8ZWNoYW5nZVdpbmRvd1N0YXRlPTE9dHJ1ZQ__/cms/Sites/destatis/Internet/DE/Presse/pm/2010/11/PD10__403__51,templateId=renderPrint.psml (Zugriff am 16.01.2011).

stern online. stern.de GmbH. Autor unbekannt: Prozess in den Niederlanden: Piraten lieber im Knast als zu Hause (18.05.2009). URL: http://www.stern.de/panorama/prozess-in-den-niederlanden-piraten-lieber-im-knastals- (Zugriff am 08.11.2009).

TIS-GDV. Transport-Informationsservice. Fachinformationen der deutschen Transportversicherer (2011): Transportversicherung. Incoterms. URL: http://www.tis-gdv.de/tis/bedingungen/incoterms/inhalt.htm#2 (Zugriff am 13.01.2011).

Uhl, Andreas: Gemeinsam gegen die Piraten. Mit Atalanta auf Erfolgskurs am Horn von Afrika. In: Internationale Politik, Juni 2009: S. 56-62.

UKHO. The United Kingdom Hydrographic Office. Products and Services (2009): Anti-Piracy Planning - Chart Q6099. URL: http://www.ukho.gov.uk/ProductsandServices/PaperCharts/Documents/Q6099.pdf (Zugriff und Download am 19.10.2010).

UNCTAD. United Nations Conference on Trade and Development (Hrsg.): Review of Maritime Transport 2010. Report by the UNCTAD Secretariat. New York, Geneva: United Nations, 2010. URL: http://www.unctad.org/templates/webflyer.asp?docid=14218&intItemID=2068&lang=1 (Zugriff und Download am 16.01.2011).

UNCTAD. United Nations Conference on Trade and Development (Hrsg.): Review of Maritime Transport 2008. Report by the UNCTAD Secretariat. New York, Geneva: United Nations, 2008. URL: http://www.unctad.org/Templates/webflyer.asp?docid=10745&intItemID=4659&lang=1&mode=downloads
(Zugriff und Download am 25.08.2009).

Utler, Simone: Entführte "Beluga Nomination". Allein unter Piraten (25.01.2011) auf Spiegel online. URL: http://www.spiegel.de/panorama/justiz/0,1518,741573,00.html (Zugriff am 06.02.2011).

Weber, Annette: Die Somalias. In: Informationen zur politischen Bildung. Nr. 302. Afrika - Länder und Regionen. Bonn: Bundeszentrale für politische Bildung, 2009.

WTO. World Trade Organization (Hrsg.): World Trade Report 2010. Trade in Natural Resources. Geneva: WTO Publications, 2010. URL: http://www.wto.org/english/res_e/publications_e/wtr10_e.htm (Zugriff und Download am 16.01.2011).

Anhangverzeichnis

I. Kursbeschreibung Workshop Piraterie (Quelle: ICC-IMB 2009)

II. Anti-Piracy Planning Chart (Quelle: UKHO 2009)

III. Produktinformation LRAD 1000X (Quelle: LRAD Corporation 2010)

IV. Übersicht Incoterms 2010 – Seetransporte (Quelle: TIS-GDV 2011)

V. Interview mit Kapitän Wolfhard H. Arlt

Anhang I.: Kursbeschreibung Workshop Piraterie

Home | About Us | Courses / Training | Publications | Membership | News | Contact Us

Courses / Training

Event

Title:	IMB Maritime Piracy - Practical Workshop
When:	03 Nov 09
Where:	St Katherine Docks - London
Category:	Courses

Description

Maritime piracy has plagued our seaways since trade began. Today this crime has once again unleashed itself on the maritime industry putting seafarers lives at risk. Waters around Somalia and Nigeria are of extreme risk, while the Asian waters still remain an area of concern.

Seafarers continue to be on the receiving end of this crime, which is also of great concern to the owner and operator as it endangers their greatest asset – the crew and vessel.

More than 75% of trade is carried out using the sea lanes. One of the biggest dangers of piracy not being understood, accepted or faced is that it will eventually affect the safety and security of a major link in the supply chain.

The ICC - International Maritime Bureau (IMB) is holding a one day intensive course on Piracy, aimed at not only sharing its knowledge but also providing a meaningful and practical response to dealing with this crime on both an operational as well as management level.

The course is aimed to benefit Masters, SSOs, CSOs, DPAs, and Senior Management. Insurance Companies, Chartering Houses, Brokers and Traders will also find the course of interest giving them an insight into the world of piracy.

Topics covered

- An overview of the risk areas, using the most up-to-date statistics and analysis
- In depth look at Somalia & Nigeria
- Dealing with piracy / hijacking at sea; Practical ways of securing your ship
- Crisis management and ransom negotiations
- Legality of paying ransoms

Speakers

The line up of speakers includes experts from the IMB along with Senior Legal Advisors, experienced hostage negotiators and security specialists.

Course outline

0830-0900: Registration / Coffee

0900-0915: Course overview / Introduction to IMB and PRC
0915-1000: Piracy - areas affected, statistics and types of piracy
1000-1030: Piracy Somalia

1030-1045: Coffee

1045-1115: Piracy Nigeria
1115-1230: Dealing with piracy / hijacking - management point of view (crisis management, negotiations and payments)

1230-1400: Lunch

1400-1500: Negotiation / insurance aspects (Legal point of view)
1500-1545: Dealing with piracy / hijacking - ship point of view (hardening of ship, ship routines, and procedures)

1530-1545: Coffee

1545-1630: Table top exercise
1630-1700: Discussions and Q&A

Learn More

- International Maritime Bureau
- IMB Piracy Reporting Centre
- Counterfeiting Intelligence Bureau
- Financial Investigation Bureau
- FraudNet

Learn More

- Event Registration

Anhang II.: Anti-Piracy Planning Chart

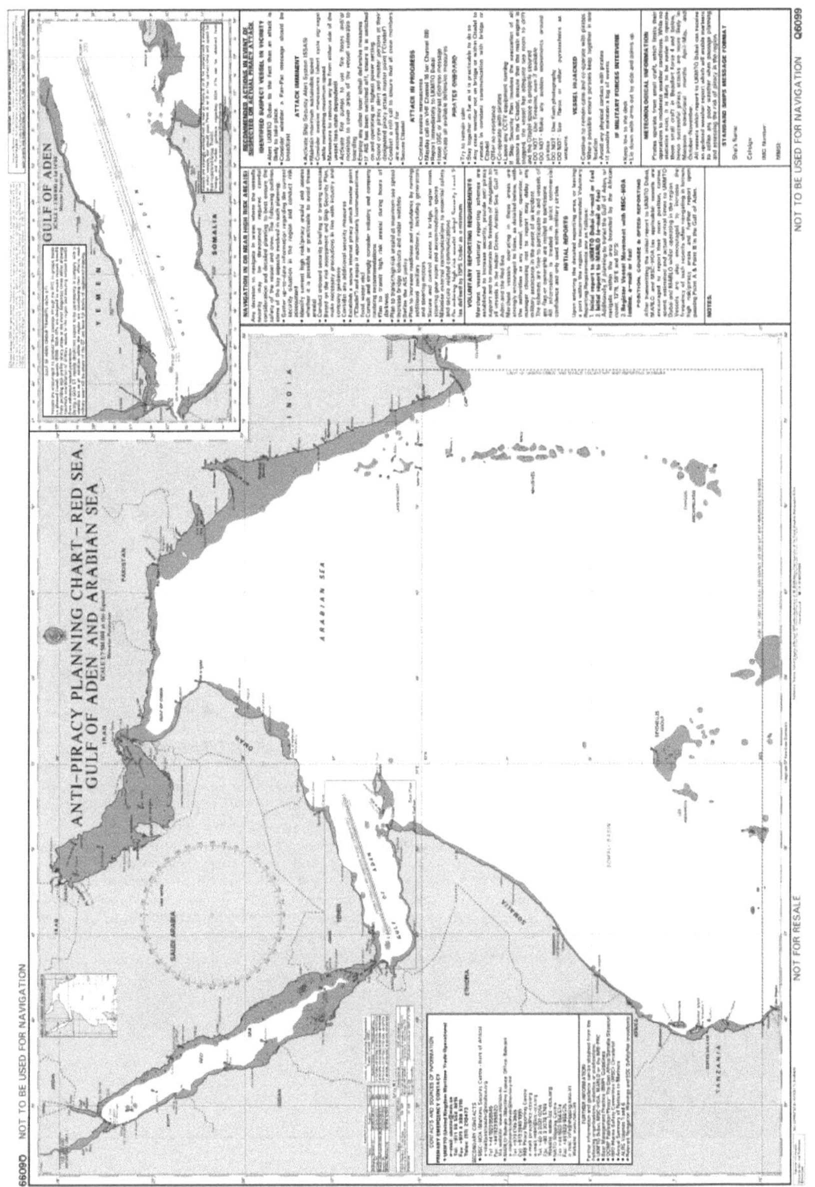

Anhang III.: Produktinformation LRAD 1000X

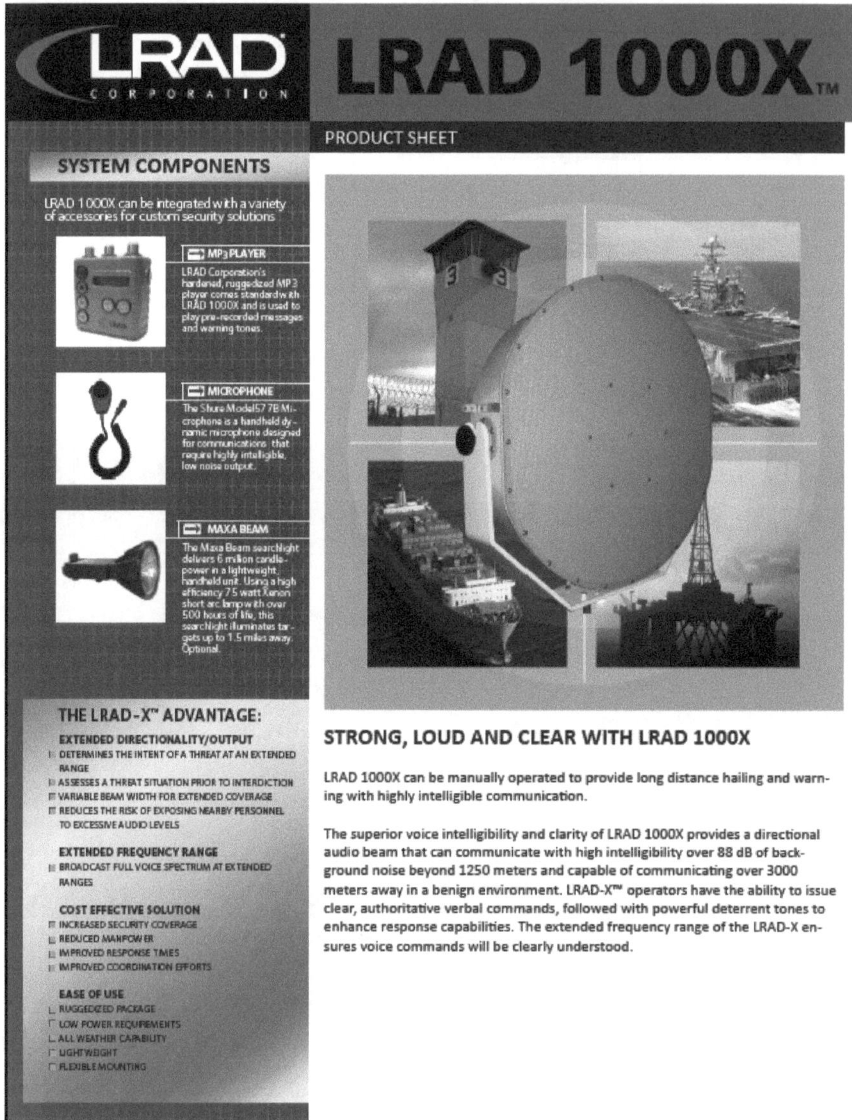

LRAD
CORPORATION

LRAD 1000X™

PRODUCT SHEET

SYSTEM COMPONENTS

LRAD 1000X can be integrated with a variety of accessories for custom security solutions

MP3 PLAYER

LRAD Corporation's hardened, ruggedized MP3 player comes standard with LRAD 1000X and is used to play pre-recorded messages and warning tones.

MICROPHONE

The Shure Model577B Microphone is a handheld dynamic microphone designed for communications that require highly intelligible, low noise output.

MAXA BEAM

The Maxa Beam searchlight delivers 6 million candlepower in a lightweight, handheld unit. Using a high efficiency 75 watt Xenon short arc lamp with over 500 hours of life, this searchlight illuminates targets up to 1.5 miles away. Optional.

THE LRAD-X™ ADVANTAGE:

EXTENDED DIRECTIONALITY/OUTPUT

- DETERMINES THE INTENT OF A THREAT AT AN EXTENDED RANGE
- ASSESSES A THREAT SITUATION PRIOR TO INTERDICTION
- VARIABLE BEAM WIDTH FOR EXTENDED COVERAGE
- REDUCES THE RISK OF EXPOSING NEARBY PERSONNEL TO EXCESSIVE AUDIO LEVELS

EXTENDED FREQUENCY RANGE

- BROADCAST FULL VOICE SPECTRUM AT EXTENDED RANGES

COST EFFECTIVE SOLUTION

- INCREASED SECURITY COVERAGE
- REDUCED MANPOWER
- IMPROVED RESPONSE TIMES
- IMPROVED COORDINATION EFFORTS

EASE OF USE

- RUGGEDIZED PACKAGE
- LOW POWER REQUIREMENTS
- ALL WEATHER CAPABILITY
- LIGHTWEIGHT
- FLEXIBLE MOUNTING

STRONG, LOUD AND CLEAR WITH LRAD 1000X

LRAD 1000X can be manually operated to provide long distance hailing and warning with highly intelligible communication.

The superior voice intelligibility and clarity of LRAD 1000X provides a directional audio beam that can communicate with high intelligibility over 88 dB of background noise beyond 1250 meters and capable of communicating over 3000 meters away in a benign environment. LRAD-X™ operators have the ability to issue clear, authoritative verbal commands, followed with powerful deterrent tones to enhance response capabilities. The extended frequency range of the LRAD-X ensures voice commands will be clearly understood.

Anhang IV.: Übersicht Incoterms 2010 – Seetransporte

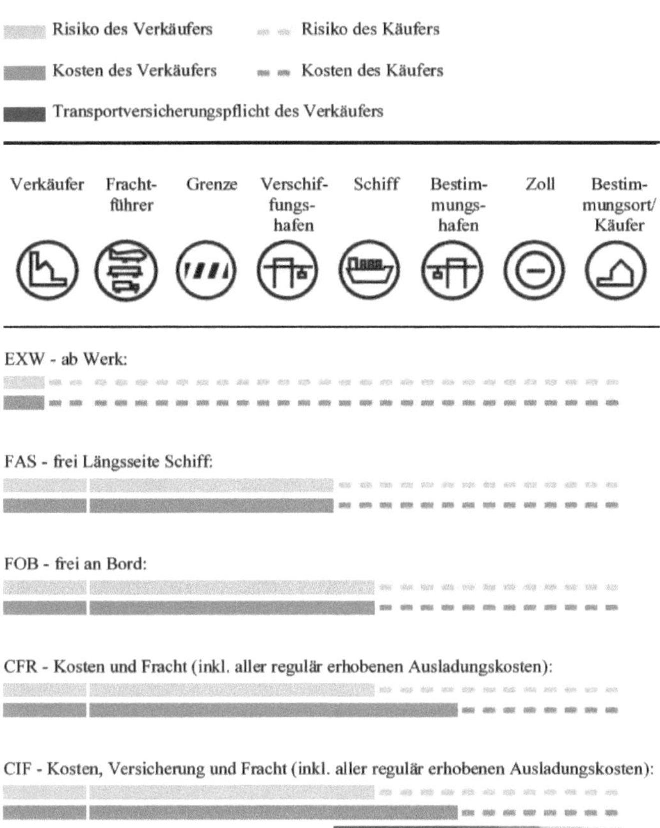

Anhang V.: Interview mit Kapitän Wolfhard H. Arlt

Telefoninterview mit Kapitän Wolfhard H. Arlt, Geschäftsführer der HPTI Hamburg Port Training Institute GmbH, Hamburg, vom 16.10.2009[8]:

Wie schätzen Sie die aktuellen Entwicklungen hinsichtlich der Seepiraterie ein?

Haben die nicht heute gerade wieder ein Schiff entführt? Ich habe irgendwas gehört in den Nachrichten, dass die irgendwo wieder in Südostasien ein Schiff entführt haben. Da war ja in der letzten Zeit, ich sag mal, weniger los. Es konzentrierte sich mehr alles so auf den Golf von Aden und Djibouti und diese Gegend. Aber ich glaube, dass das wahrscheinlich noch mehr werden wird.

Meinen Sie, die Piraterie wird insgesamt zunehmen oder speziell an den jetzigen Brennpunkten, d.h. in der bereits von Ihnen angesprochenen Region Somalia/Golf von Aden?

Ich denke wohl insgesamt. Es ist schwer zu sagen. Wenn also wirklich Terroristengruppen wie Al Quaida dahinterstehen, dann werden sie die anderen auch *briefen*. Und es gibt in Südostasien durchaus Länder mit einer militanten muslimischen Bevölkerung, die für so etwas leicht zu haben wäre. Wenn die dann erst mal mit Waffen usw. ausgerüstet wären, dann werden die da auch hingehen.

Der Unterschied zwischen der Piraterie von früher, sagen wir mal vor ungefähr bis vor sieben Jahren, und den letzten Jahren war,

---

[8] Anmerkung der Autorin: Für die Richtigkeit und Inhalte der gemachten Äußerungen übernimmt die Autorin der vorliegenden Studie keine Verantwortung. Die Antworten stellen ausschließlich die Meinung des Befragten dar und werden hier, falls nicht anderweitig gekennzeichnet, wortwörtlich wiedergegeben.

dass in Südostasien, wo Piraterie ja hauptsächlich vorkam oder in Nigeria auf Reede, hauptsächlich Ladung geklaut wurde. Die Piraten sind dann an Bord gekommen, haben die Container aufgemacht, meistens wussten sie schon welchen sie aufmachen mussten, weil sie schon vorab die Informationen hatten und haben dann die Ladung gestohlen. Sie haben eigentlich den Leuten nichts getan. Das ist anders geworden mit den Piraten an der somalischen Küste, die sich zum ersten Mal auch an den Besatzungen vergriffen haben durch Gefangennahme und Erpressung und vielleicht sogar mehr. Man weiß ja immer nicht alles und wer da umgebracht worden ist. Ich denke mir, wir hören immer von den großen Schiffen, aber japanische und koreanische, philippinische und thailändische Fischer, die haben sie ja auch aufgebracht. Denn ein Teil der Piratenschiffe sind südostasiatische Fischkutter, das sieht man schon am Bau. Und die lassen sich so etwas nicht ohne weiteres gefallen. Da kann ich mir durchaus vorstellen, dass da ab und zu mal die rote Suppe geflossen ist.

Was ist aus Ihrer Sicht als Kapitän die beste Strategie, um sich gegen das Risiko „Seepiraterie" abzusichern? Besonders wenn man die genannten Gefahrenregionen durchfahren muss?

Da gibt es ja jetzt auch einige Sachen, die recht günstig und effektiv sind. Das ist wie in der militärischen Aufrüstung - immer wenn der eine etwas Neues erfunden hat, dann muss der andere ein Gegenmittel finden und wird besser. Jetzt haben sie ja etwas sehr Vielversprechendes, weil es auch billig ist. Das sind so Rohrleitungen rund um das Schiff durch die sie ein Mittel pumpen, das alles unheimlich glitschig macht. Das vermindert die Reibung überall, so dass selbst die Leute in ihren Boot auf den Sitzen nicht mehr sitzen können und ausrutschen, weil es alles total glatt ist. Das heißt also, wenn die an das Schiff herankommen, dann drehen die irgendwo einen Wasserhahn auf und dann wird dieses Mittel dazugegeben und dann ist alles so glatt, dass die nichts mehr anfassen können. Angeblich sollen denen selbst die Waffen aus der Hand rutschen, so glitschig ist alles. Wenn das wirkt, ist das natürlich gut. Man kann auch noch ein anderes Mittel verwenden, so eine Art Färbemittel. Damit werden die Piraten eingefärbt und die Farbe lässt sich auch einige Tage nicht entfernen. Das heißt, die werden dadurch in grüne Männchen verwandelt und wenn dann irgendein Marineschiff die Männer aufbringt, dann kann niemand mehr sagen „wir waren keine Piraten", denn dann sieht man ja die Färbung. Dann weiß jeder, dass die ein Schiff angegriffen haben. Jetzt besteht ja das Problem, wenn die irgendwelche Schiffe aufbringen und Piraten vermuten heißt es „wir sind keine Piraten, wir sind nur einfache Fischer. Das wir hier Waffen an Bord haben ist klar, wir müssen uns ja auch gegen die Piraten verteidigen". Es ist ganz schwierig zu sagen, wenn man sie nicht im Akt der Piraterie trifft, sind das nun Fischer oder Piraten. Und das ist mit dieser Farbe dann eindeutig. Sie haben die Farbe ja nur, wenn sie an einem Schiff dran gewesen sind. Das kann natürlich dazu führen, dass die Piraten sich jetzt Waffen kaufen, mit denen sie die Schiffe jetzt aus der Entfernung angreifen können. Dass sie nicht mehr mit Handfeuerwaffen ö. Ä. bewaffnet sind, sondern dass sie sich eine Suzuka kaufen und auf Distanz bleiben und dann erst einmal die Brücke in die Luft schießen. Kann sein – das ist ja nun einmal bei solchen Sachen so, wenn einer eine neue Waffe hat, dann muss der andere eine bessere haben. Das ist zwar alles ganz gut, aber das Beste ist, es gar nicht so weit kommen zu lassen.

Was genau meinen Sie damit?

Entweder sich so weit draußen zu bewegen, wo die Piraten nicht hinkommen oder wenn man durch diese Gebiete fahren muss, dann sollte man wirklich Konvois nutzen, sich bei den Navies, die da vor Ort sind anmelden und dann natürlich alle Sicherheitsvorkehrungen treffen, die man treffen kann.

Was müsste Ihrer Meinung nach geschehen, um die Bedrohung des Seehandels durch Piraten einzudämmen? Welche Maßnahmen müssten zur langfristigen Bekämpfung der Seepiraterie ergriffen werden?

Also Piraterie hat etwas mit Armut zu tun und es ist schnelles Geld. Wenn die Leute überhaupt nichts haben, also wirklich rein gar nichts, und sie sozusagen vor der Frage stehen Piraten zu werden oder zu hungern, dann würden wir wahrscheinlich auch eine ziemlich eindeutige Antwort auf die Frage finden. Und wenn dann der Lohn erheblich ist - es ist in den somalischen Küstenstädtchen momentan so, dass da mehr Mercedes 600 herum fahren als in einem arabischen Scheichtum - dann ist das natürlich für fast alle lukrativ, auch für die, die noch Skrupel haben. Wenn die dann sehen, was die Piraten alles haben für eigentlich wenig Aufwand und wenig Einsatz, dann... .

Natürlich die Haut hängt damit zusammen, die in diesen Gegenden ist und die Unfähigkeit der Politik, dort einfach ganz normale Regeln durchzusetzen, wenn man so will westliche Regeln.

Was halten Sie von der zunehmend militärischen Bekämpfung der Seepiraterie? Meinen Sie, dass dies eine langfristige Wirkung erzielt?

Wenn man sie alle tot schießt, ja. Man kann da eigentlich nur etwas mit Abschreckung machen. Wenn man da einen militärischen Zaun zwischen der Küste und den Schiffen ziehst, dann wird es für die [Piraten] immer schwerer und gefährlicher, irgendetwas zu machen und dann werden die Angriffe auch zurückgehen oder auf solche Gebiete verlagern, wo es nicht so schwierig ist. Da es jetzt hauptsächlich um Handelsschiffe geht, werden sie sich vielleicht dann irgendetwas Anderes greifen. Oder sie werden sich größere Schiffe besorgen und noch weiter ins Meer gehen. Also, erst sind sie nur mit ihren kleinen Speed-Booten gefahren, inzwischen haben sie sich Fischkutter besorgt, mit denen sie durchaus auch weit auf das Meer hinaus fahren können und dann das Speed-Boot einsetzen. Ein rein militärischer Eingriff, ohne dass man politisch etwas macht, bringt meiner Meinung nach nicht viel.

Welche langfristigen Auswirkungen auf die Entwicklung des Seehandels insgesamt sind Ihrer Meinung nach aufgrund zunehmender Fälle von Seepiraterie zu erwarten?

Das interessiert doch überhaupt keinen. Ich habe neulich einen Bericht gefunden, der mindestens 20 Jahre alt ist, da wurde über Piraterie in Südostasien gesprochen. Das war ja da nicht ungewöhnlich. Malacca Straits etc., da gab es ja viele Piratenüberfälle. Da hat sich nicht eine Navy darum gekümmert und nicht ein Staat...gar nichts. Und warum? Die Leute sind an Bord gekommen, wenn sich die Besatzung ruhig verhalten hat, dann haben die [Piraten] der Besatzung nichts getan. Und sie haben dann die Container geöffnet und geplündert. So, das haben die Versicherungen ja dann bezahlt. Den Verkäufer hat das ja nicht gekratzt; der hat das Geld bekommen und durfte noch einmal liefern. Den Reeder hat es auch noch nicht so sehr gestört, der konnte ja den neuen Container mit den neuen Waren auch noch einmal mitnehmen. Und die Versicherungen waren so weit weg vom Geschehen, dass die noch nicht einmal großartig die Raten erhöht haben. Das war eben ganz normale Gefahr und dann war das eben so. Deswegen hat sich auch politisch keiner darum gekümmert. Und die Regierungen der Anrainerstaaten haben sich auch nicht darum gekümmert und dadurch sind Güter ins Lande gekommen, die dann billiger verkauft wurden als sonst, denn irgendwie mussten sie das Zeug ja los werden. Die Leute an der Küste, die sonst bettelarm waren und fast am Hungertuch genagt haben, haben noch ein bisschen Geld bekommen und sind damit politisch ruhig geworden. Es hat eigentlich keinen so richtig gestört und deswegen ist auch jahrelang nichts gemacht worden, weil alle letztendlich einen Vorteil davon hatten. Die Einzigen, die keinen hatten, waren Sie und ich; wir mussten nämlich für unsere Nike Turnschuhe 0,10 € mehr bezahlen, weil das dann die erhöhte Versicherungsprämie war. Nur wir haben das gar nicht gemerkt und gar nicht gewusst. Das Ganze ist erst ein Politikum geworden, nachdem sie angefangen haben, also erst in Südostasien, in die Kapitänskabine einzudringen, um nachzusehen, ob im Safe Geld war und dann angefangen haben, die Besatzung zu bedrohen und als Geiseln zu nehmen. Vorher hat sich 30 Jahre lang kein Mensch um Piraterie gekümmert. Also in dem Sinne gekümmert als das nun die Marine dahin geschickt wurde, um zu patrouillieren oder die Polizei. Hat kein Mensch gemacht.

Abonnement

Hiermit abonniere ich die Reihe **Beiträge zur anwendungsorientierten Unternehmensführung (ISSN 2192-0478),** herausgegeben von Prof. Dr. Jörn Altmann und Prof. Dr. Ronald Deckert,

❒ ab Band # 1

❒ ab Band # ___

❒ Außerdem bestelle ich folgende der bereits erschienenen Bände:

#___, ___, ___, ___, ___, ___, ___, ___, ___, ___, ___

❒ ab der nächsten Neuerscheinung

❒ Außerdem bestelle ich folgende der bereits erschienenen Bände:

#___, ___, ___, ___, ___, ___, ___, ___, ___, ___, ___

❒ 1 Ausgabe pro Band ODER ❒ ___ Ausgaben pro Band

Bitte senden Sie meine Bücher zur versandkostenfreien Lieferung innerhalb Deutschlands an folgende Anschrift:

Vorname, Name: ______________________________

Straße, Hausnr.: ______________________________

PLZ, Ort: ______________________________

Tel. (für Rückfragen): ______________ *Datum, Unterschrift:* ______________

Zahlungsart

❒ *ich möchte per Rechnung zahlen*

❒ *ich möchte per Lastschrift zahlen*

bei Zahlung per Lastschrift bitte ausfüllen:

Kontoinhaber: ______________________________

Kreditinstitut: ______________________________

Kontonummer: ______________ Bankleitzahl: ______________

Hiermit ermächtige ich jederzeit widerruflich den *ibidem*-Verlag, die fälligen Zahlungen für mein Abonnement der Reihe **Beiträge zur anwendungsorientierten Unternehmensführung (ISSN 2192-0478)** von meinem oben genannten Konto per Lastschrift abzubuchen.

Datum, Unterschrift: ______________________________

Abonnementformular entweder **per Fax** senden an: **0511 / 262 2201** oder 0711 / 800 1889
oder als **Brief** an: *ibidem*-Verlag, Leuschnerstr. 40, 30457 Hannover oder
als e-mail an: ibidem@ibidem-verlag.de

ibidem-Verlag

Melchiorstr. 15

D-70439 Stuttgart

info@ibidem-verlag.de

www.ibidem-verlag.de
www.ibidem.eu
www.edition-noema.de
www.autorenbetreuung.de

Zeitfracht Medien GmbH
Ferdinand-Jühlke-Straße 7
99095 Erfurt, Deutschland
produktsicherheit@kolibri360.de